# Leyendas latinoamericanas

ESTADOS UNIDOS

OCÉANO

ATLÁNTICO

GOLFO DE
MÉXICO

MÉXICO

CUBA

REPÚBLICA DOMINICANA

PUERTO RICO

HONDURAS

HAITÍ

GUATEMALA

EL SALVADOR

PANAMÁ

GUAYANA

SURINAM

GUAYANA FRCSA.

NICARAGUA

VENEZUELA

COSTA RICA

COLOMBIA

OCÉANO

ECUADOR

PERÚ

BRASIL

BOLIVIA

PACÍFICO

PARAGUAY

C
H
I
L
E

ARGENTINA

URUGUAY

# *Leyendas latinoamericanas*

**Genevieve Barlow**

National Textbook Company
*a division of* NTC/CONTEMPORARY PUBLISHING GROUP
Lincolnwood, Illinois USA

**Illustrated by Robert Borja and Juliá Scharf**

*The publisher wishes to thank Judy Veramendi*
*for her contributions to this edition.*

Published by National Textbook Company,
a division of NTC/Contemporary Publishing Group, Inc.
4255 West Touhy Avenue,
Lincolnwood (Chicago), Illinois 60712-1975 U.S.A.
© 1996 by NTC/Contemporary Publishing Group, Inc.
Manufactured in the United States of America.
International Standard Book Number: 0-8442-7239-6

0 1 2 3 4 5 6 7 8 ML 9 8 7 6

# Contenido

Preface      vii

1. El regalo de la diosa luna
   *Una leyenda de los indios guaraníes
   del Paraguay*      1

2. Turrialba
   *Una leyenda de Costa Rica*      9

3. ¡Pobre inocente!
   *Una leyenda de Colombia*      15

4. Las manchas del sapo
   *Una leyenda de la Argentina*      23

5. El cabo Montáñez
   *Una leyenda del Perú*      31

6. Quetzal no muere nunca
   *Una leyenda de los quichés de Guatemala*      39

7. Un gran regalo
   *Una leyenda de la Argentina*      47

8. Pedro de Candía
   *Una leyenda de Bolivia*      55

9. Las aventuras de Juan Bobo
   *Una leyenda de México*      63

10. El cojo de Olancho
    *Una leyenda de Honduras*      71

11. El barco vacío
    *Una leyenda de Venezuela*      79

12.   La camisa de Margarita
      *Una leyenda del Perú*                                87

13.   Los árboles de flores blancas
      *Una leyenda de México*                              95

14.   La calle de la Machincuepa
      *Una leyenda de México*                             105

15.   El matador de tiburones
      *Una leyenda de Puerto Rico*                        113

16.   La sortija de diamantes
      *Una leyenda de Puerto Rico*                        121

17.   La herencia
      *Una leyenda de México*                             129

18.   El origen del nopal
      *Una leyenda de México*                             137

Vocabulario español-inglés                                145

# Preface

This new and expanded second edition of *Leyendas latinoamericanas* is a collection of tales designed for readers who are beginning to function comfortably in Spanish and who want to become more familiar with the cultural heritage of Spanish-speaking Latin America.

The eighteen captivating legends explore this rich folk legacy and cover a period of approximately 2,000 years. The stories include legends from indigenous peoples from the time before Columbus, stories from the Spanish colonial period, and tales from the nineteenth century. The principal characters are drawn from fact and fiction, and include animals, gods and goddesses, ancient rulers, Spanish explorers, as well as the men and women who left their mark on this dynamic area of the world. The settings of the stories, which have been gathered from Argentina, Bolivia, Colombia, Costa Rica, Guatemala, Honduras, Mexico, Paraguay, Peru, Puerto Rico, and Venezuela, are as varied as the characters.

As you read the legends, you will not only enjoy delightful stories, you will also develop your Spanish-language skills, and learn something about the history and geography of the countries described on these pages, as well as the culture, customs, and values of their people. Even though the stories have been written entirely in Spanish, the language is controlled and accessible. The more difficult words and expressions have been glossed and defined—in Spanish— at the foot of the page. At the end of the book there is a bilingual Spanish-English Vocabulary List to help you, too. Questions and activities at the end of each story will help you evaluate your reading comprehension and develop your grammar and vocabulary skills.

We hope you will enjoy this journey through Spanish-speaking Latin America's fascinating past!

# El regalo de la diosa luna

*Por miles de años los indios guaraníes[1] habitaron la parte central y oriental de la América del Sur. Ahora viven principalmente en el Paraguay. La palabra guaraní significa guerrero y antes del siglo XVI las tribus eran feroces y belicosas.[2] Pero después de la llegada de los misioneros españoles que establecieron escuelas y misiones en las selvas[3] del Paraguay, los guaraníes se convirtieron en un pueblo pacífico e industrioso. Aunque el español es el idioma oficial de la República del Paraguay, la lengua guaraní se habla con mucha frecuencia entre la gente del campo y de la ciudad.*

*Esta leyenda guaraní nos explica el origen de la planta llamada yerba mate, que es uno de los productos principales del Paraguay. De sus hojas secas se hace una bebida sumamente excitante y nutritiva que se llama mate. Este té, el favorito de mucha gente sudamericana, es considerado como símbolo de la hospitalidad y la amistad.*

En épocas muy remotas los dioses y las diosas bajaban del cielo para gozar de las hermosas tierras de los indios guaraníes con sus espesos bosques, grandes ríos de aguas claras y prados[4] llenos de flores.

Uno de estos visitantes celestes[5] era la diosa luna que venía con mucha frecuencia, siempre durante el día. Su compañera era la diosa nube. Para pasear libremente por los

---

[1] **guaraníes** pueblo indio de la América del Sur    [2] **belicoso** agresivo    [3] **selva** jungla
[4] **prado** campo    [5] **celeste** del cielo

campos y los bosques sin que nadie las reconociera como diosas, tomaban la forma de dos indias guaraníes.

Una tarde las diosas estaban tan felices recogiendo flores hermosas en el bosque que se olvidaron de que la noche se acercaba. De pronto, cuando las sombras oscuras cubrieron la tierra, la diosa luna exclamó:

—¡Debemos regresar ahora mismo al cielo o llegaré tarde para mis deberes!

—Un momentito más —pidió la diosa nube. —Allí veo unas orquídeas blancas muy lindas y quiero un ramo[1] para llevar al cielo.

—No nos queda mucho tiempo —le recordó la diosa luna, preocupada por la demora.[2]

Caminaban rápidamente hacia las orquídeas cuando de pronto dieron un grito de terror. Frente a ellas apareció un tigre, el más grande que habían visto en la vida. Los ojos le brillaban y tenía la gran boca muy abierta. Las diosas estaban tan asustadas que olvidaron cambiar su forma de indias por su forma celeste.

El tigre, dando un fuerte rugido,[3] saltó hacia ellas, dispuesto a devorarlas. Pero, para sorpresa de las dos, una flecha se clavó en su cuerpo y el animal cayó al suelo, quejándose con grandes gritos por el dolor de la herida.

En ese momento, un viejo guaraní con su arco y flecha salió de su escondite[4] detrás de un árbol.

—¡Corran! —gritó a las diosas. —¡Corran para salvar su vida!

Pero las diosas, paralizadas de miedo, se quedaron tan inmóviles como los árboles que las rodeaban.

De súbito el tigre se apoyó en las patas[5] heridas y saltó otra vez hacia ellas, pero el viejo disparó otra flecha y ésta se clavó en el corazón del animal que cayó herido mortalmente.

---

[1] **ramo** manojo de flores   [2] **demora** tardanza   [3] **rugido** ruido que hace el tigre
[4] **escondite** donde alguien se esconde   [5] **pata** pie y pierna de un animal

—Está muerto y ahora no hay nada que temer —dijo el viejo guaraní, mirando hacia el lugar donde había visto a las dos mujeres. Pero no había huella[1] de ellas. Al verse libre de peligro, las diosas tomaron sus formas celestes y subieron rápidamente al cielo.

Como la noche había extendido su manto negro sobre el bosque y los prados, el indio subió a un árbol, dispuesto a pasar allí la noche. Satisfecho por su buena acción realizada, no tardó en quedarse profundamente dormido.

Y sucedió que en sus sueños vio aparecer ante sí la bellísima figura de la mujer de ojos brillantes como dos estrellas que había visto esa tarde en el bosque. Oyó también claramente que ella le decía:

—Soy la diosa luna, protectora de la gente buena. Poniendo en peligro tu vida, has luchado con valor para salvarme la vida y la de mi compañera, la diosa nube.

El indio, maravillado, quiso responder algo, pero no pudo. La diosa continuó hablándole:

—Los hombres buenos siempre reciben recompensa por sus nobles acciones. Tú recibirás la tuya, porque tu bondad y tu valor la merecen.

—¿Cuál será esa recompensa? —se preguntaba el indio, mientras contemplaba[2] a su diosa protectora. La respuesta no lo hizo esperar, porque la deidad[3] prosiguió:

—En este bosque haré nacer para ti y para tu pueblo una planta muy valiosa. Llámala yerba mate y cuídala bien. Tostando sus hojas podrás preparar un té que servirá de alimento para todos los que tengan hambre. También calmará la sed a todos los que lo beban. Encontrarás esta planta mañana en el lugar donde ayer me viste.

Dicho esto, desapareció la diosa.

—¡Qué sueño tan extraño! —dijo el indio cuando se despertó al día siguiente.

---

[1]**huella** señal que deja el pie    [2]**contemplar** pensar en    [3]**deidad** diosa

Al bajar del árbol, se apresuró al lugar indicado por la diosa y allí una nueva planta muy hermosa, de hojas verdes y brillantes, apareció ante sus ojos.

El viejo tomó algunas hojas y las llevó al pueblo donde contó su historia a la tribu y mostró el premio que la diosa luna le había dado.

En seguida, los indios tostaron las hojas sobre el fuego y prepararon el té. Pronto les calmó el hambre y la sed, como la diosa había prometido.

Esa misma noche, los indios se arrodillaron en la tierra y, levantando los rostros al cielo, le dieron las gracias a su diosa luna por el maravilloso regalo de la yerba mate.

EJERCICIOS

**A. Termine las frases con las palabras apropiadas.**

    1. Los guaraníes viven ahora:
       (a) en el extremo norte de Panamá.
       (b) en el Paraguay.
       (c) por la costa de Sudamérica.

    2. La diosa luna bajaba de su habitación en el cielo para:
       (a) gozar de las hermosas tierras de los guaraníes.
       (b) ver lo que pasaba en el mundo hispánico.
       (c) aprender el español de los conquistadores.

    3. La diosa luna debía regresar al cielo antes de la noche porque:
       (a) no veía de noche.
       (b) no viajaba sino de día.
       (c) tenía deberes.

4. La diosa nube vio:
   (a) unas orquídeas blancas.
   (b) un río muy bonito.
   (c) un espeso bosque.

5. De pronto las diosas dieron un grito porque delante de ellas apareció:
   (a) un tigre enorme.
   (b) una india bonita.
   (c) un águila con una serpiente en el pico.

6. El viejo guaraní había matado al tigre con su:
   (a) escondite.
   (b) rifle.
   (c) arco y flecha.

7. Al verse libre de peligro las diosas:
   (a) subieron rápidamente al cielo.
   (b) sacaron su arco y flecha.
   (c) subieron a un árbol.

8. El viejo indio pasó la noche:
   (a) en su casa.
   (b) en un árbol.
   (c) en el lago.

9. La diosa luna le dijo al viejo:
   (a) Los hombres buenos son pocos.
   (b) Los hombres buenos no matan a tigres.
   (c) Los hombres buenos reciben recompensa.

10. La diosa luna le dio:
    (a) una planta.
    (b) una orquídea.
    (c) un arco nuevo y varias flechas.

**B. Describa lo siguiente con las palabras dadas, formando frases completas.**
1. Los guaraníes: selvas / Paraguay / pacífico / industrioso / lengua / habla / del campo / ciudad.
2. Yerba mate: hojas / bebida / excitante / favorito / símbolo / hospitalidad.
3. La diosa luna: venía / frecuencia / durante / día / compañera / nube.
4. El viejo guaraní: disparó / flecha / clavó / cuerpo / animal / cayó.
5. Los indios: tostaron / hojas / fuego / prepararon / calmó / sed.

**C. Conteste las siguientes preguntas:**
1. ¿Dónde habitaron los guaraníes?
2. ¿Eran feroces las tribus?
3. ¿Cuál es el idioma oficial del Paraguay?
4. ¿Qué forma tomaban las diosas?
5. ¿Por qué tenían que regresar antes de la noche?
6. ¿Por qué se asustaron las diosas?
7. ¿Quién mató al tigre?
8. ¿Qué vio el indio en sus sueños?
9. ¿Cuál era su recompensa?
10. ¿Cómo dieron las gracias los indios?

**D. Explique en una palabra o dos el significado de:**
1. habitación
2. manto
3. alimento
4. gratitud
5. dispuesto
6. sinnúmero
7. hazaña
8. ave
9. ira
10. fatigado

**E. ¿Posible o imposible?**
1. prados llenos de flores
2. recoger nubes hermosas
3. las plumas del tigre
4. un sueño extraño
5. arco y fechas
6. hojas verdes y brillantes
7. morir de flores
8. un humilde campesino
9. tostar el regalo
10. el pie de la serpiente

**2**

# Turrialba

*Costa Rica es un pequeño país en Centroamérica. Sus bosques tropicales, ríos, montañas y volcanes llenan de admiración a sus visitantes.*

*Hace siglos, hasta que llegaron los conquistadores españoles, los únicos habitantes de este paraíso eran tribus de indígenas.[1] Hubo unas cuatro tribus principales: en el sur, las Bribrí y Cabecar; en la costa del Pacífico, las Boruca; y la tribu Guatuso hacia el lado norte. Las tribus vivían muy separadas, unas de otras. A pesar de[2] esa separación, sus idiomas estaban relacionados, porque vinieron todas de una tribu de Colombia.*

*En esta leyenda, se cuenta la historia de dos enamorados[3] de tribus diferentes. La historia indica que el amor es más fuerte que la diferencia que puede haber entre dos personas.*

Hace muchísimos años, antes de la conquista, vivían en una región de Costa Rica una tribu de indios fuertes y valientes. El jefe de la tribu era ya anciano[4] y viudo.[5] Su tesoro más preciado era su hija, una joven muy bella de quince años.

La joven se llamaba Cira. No sólo era hermosa, sino también era caritativa[6] y cariñosa con todos. Además, sabía cazar con la tribu, y manejaba[7] el arco y la flecha con mucha habilidad.

---

[1] **indígenas** indios    [2] **A pesar de** No importaba    [3] **enamorados** personas que se aman    [4] **anciano** viejo    [5] **viudo** alguien cuya esposa murió
[6] **caritativa** compasiva    [7] **manejaba** usaba

La tribu vivía contenta y feliz bajo el cuidado del cacique[1] y su hija.

Una tarde de verano, cuando los rayos de sol pintaban el cielo de rojo y amarillo, Cira sintió el encanto de la selva esplendorosa. Se adentró[2] en la vegetación para recoger algunas de sus flores exóticas. Pero, entretenida en su labor, no se dio cuenta del oscurecer[3] del día hasta que ya anocheció.[4] Sin la luz del sol se sintió perdida. Buscó la senda que la llevaría de nuevo a la tribu y a su querido papá; pero no la encontró. Asustada, se sentó sobre un tronco y se puso a gritar, pero la selva devoró sus gritos. Lloró de miedo y de cansancio;[5] por fin se tumbó en el suelo sobre la hierba suave y se quedó dormida.

Los rayos de la luna penetraban entre los altos árboles e iluminaban la cara de la joven.

Al mismo tiempo un indio joven, de otra tribu, caminaba en la selva hacia su hogar. Le sorprendió encontrar en medio del camino a la joven bella durmiendo. Lleno de admiración, se inclinó y acarició[6] el pelo de la joven con sus manos. Cira se despertó, y al ver la cara del desconocido, empezó a gritar y trató de escaparse. El joven la calmó con palabras suaves, y la guió de la mano hasta la cima[7] de un montecillo[8] cercano. Allí se sentaron; los rayos plateados de la luna les bañaban mientras el joven le hablaba de su amor.

Cira escuchaba, y la voz del joven le parecía como la brisa suave que hacía crujir[9] las hojas antes de la aurora. La pareja feliz, abrazada, veía como las estrellas iban desapareciendo ante la luz del amanecer.[10]

No hubo tal felicidad en la tribu de Cira. Cuando no volvió, sintieron confusión y pánico. Se dio la alarma con

---

[1] **cacique** jefe  [2] **Se adentró** Entró  [3] **oscurecer** ponerse oscuro
[4] **anocheció** se hizo de noche  [5] **cansancio** estar cansada
[6] **acarició** tocó suavemente  [7] **cima** punto más alto  [8] **montecillo** monte pequeño
[9] **crujir** murmurar  [10] **amanecer** aurora

los caracoles.[1] El viejo cacique se puso al frente de sus hombres para penetrar en la selva. Caminaron y lucharon contra la vegetación abundante, pero no encontraron a su amada Cira . . .

Cuando el sol salió, fuerte y alegre, el cacique pudo ver a su hija preciosa en la cima del montecillo, en los brazos de un hombre de otra tribu. Su grito de furia hizo temblar los árboles de la selva. Ya los guerreros[2] estaban a punto de lanzar sus flechas contra el forastero,[3] cuando de repente la selva se agitó. Una grieta[4] inmensa se abrió y escondió a los dos amantes, haciéndolos desaparecer de su vista. Sólo se veía una columna de humo blanco. Este humo sale desde entonces del montecillo, como señal de la felicidad de las dos criaturas de diferentes tribus, unidas para siempre.

Pasaron muchos años. Llegaron los conquistadores. Cuando vieron esa columna de humo blanco, le pusieron el nombre de «Torre-alba».[5] Con el pasar de los años, el nombre se convirtió en el presente, «Turrialba».

Y así nació este famoso volcán.

### EJERCICIOS

**A. Termine las frases con las palabras apropiadas.**

1. Hace siglos, los únicos habitantes de Costa Rica eran:
   (a) indígenas.
   (b) españoles.
   (c) selvas.

2. El jefe de la tribu en la leyenda tenía una bella:
   (a) esposa.
   (b) viuda.
   (c) hija.

---

[1] **caracoles** conchas grandes  [2] **guerreros** soldados  [3] **forastero** persona de fuera
[4] **grieta** apertura  [5] **Torre-alba** torre del amanecer

3. Una tarde, Cira entró en:
   (a) la selva.
   (b) el río.
   (c) el volcán.

4. Cuando anocheció, ella:
   (a) volvió a la tribu.
   (b) encontró la senda.
   (c) estaba perdida.

5. El joven que la encontró era:
   (a) de otra tribu.
   (b) de la misma tribu.
   (c) un español.

6. El joven y la joven se quedaron:
   (a) asustados.
   (b) enamorados.
   (c) enojados.

7. Cuando el jefe los encontró, quería:
   (a) aceptar al joven.
   (b) matar al joven.
   (c) abrazar al joven.

8. En ese momento, en la selva:
   (a) hubo una tormenta.
   (b) empezó a llover.
   (c) se abrió una grieta.

9. Los dos jóvenes:
   (a) desaparecieron.
   (b) volvieron a aparecer.
   (c) salieron corriendo.

10. Así se formó
    (a) un volcán.
    (b) una montaña.
    (c) un río.

**B. Conteste las siguientes preguntas:**
1. ¿De qué país es la leyenda? ¿Cómo es este país?
2. ¿Quién era Cira? ¿Cómo era?
3. ¿Por qué entró en la selva?
4. ¿Qué le pasó cuando anocheció?
5. ¿Quién la encontró? ¿Qué hizo?
6. ¿Cómo se sentía Cira hacia el joven?
7. ¿Qué pasó cuando la tribu encontró a los dos jóvenes enamorados?
8. ¿Cómo los protegió la selva?
9. ¿Qué representa el humo blanco?
10. ¿Cómo se llama el volcán? ¿De donde vino este nombre?

**C. Busque el sinónimo.**
1. indígena
2. aurora
3. anciano
4. caritativa
5. cacique
6. se adentró
7. montecillo
8. forastero

a. amanecer
b. muy viejo
c. compasiva
d. india
e. entró
f. monte pequeño
g. extranjero
h. jefe

**D. ¿De qué palabra base vino cada palabra de la lista?**

admirar   amor   aparecer   cansar   conocer
conquista   feliz   guerra   monte   visitar

1. enamorado
2. conquistador
3. cansancio
4. montecillo
5. desapareciendo
6. guerrero
7. felicidad
8. desconocido
9. visitante
10. admiración

**3**

# ¡Pobre inocente!

*Tenga cuidado si se encuentra en un país de habla española durante el 28 de diciembre. Se llama el Día de los Inocentes, un día de bromas y burlas como el primero de abril en Estados Unidos. Antes era un día religioso observado en memoria de los niños inocentes que condenó a muerte el rey Herodes después del nacimiento del Niño Jesús. Pero desde hace muchos siglos la fiesta no tiene nada de religiosa y los niños andan buscando la oportunidad de burlarse de sus amigos. La víctima de estos niños traviesos se llama «inocente», que quiere decir tonto.*

*Tunja, el escenario de la siguiente selección, es famosa por sus preciosos tesoros de arquitectura, sus monumentos históricos y sus leyendas encantadoras.*

Hace tres siglos que un español de buen carácter, llamado don[1] Ramiro, vivía con su esposa en la leal y muy noble ciudad de Tunja. El caballero era serio, muy serio. También era orgulloso. Según él, pertenecía a una de las familias más nobles y distinguidas de España. Además, hablaba en palabras vagas[2] de un pariente suyo que era Virrey del Virreinato de Nueva Granada, nombre antiguo de Colombia.

Siendo tan serio y orgulloso, don Ramiro siempre era víctima de bromas el 28 de diciembre. La verdad es que por cuatro años a las 12:05 de la mañana de esa fecha, los mucha-

---

[1] **don** título que precede al nombre de un caballero    [2] **vago** indeciso

chos traviesos de su barrio[1] tenían la costumbre de llamar ruidosamente a su puerta. Cuando el señor abría la ventana de su dormitorio, los muchachos le gritaban entre risas:

—¡Inocente!

El primer año que le hicieron la broma, don Ramiro se rió; el segundo año, pronunció un discurso largo sobre la cortesía; el tercer año les tiró[2] una maceta[3] en que crecían flores raras y hermosas; y el cuarto año les gritó que iba a denunciarlos a la policía por sus desórdenes nocturnos.

El quinto año don Ramiro decidió terminar para siempre con aquella molestia. Por eso, en la mañana del 27 de diciembre, el buen español sacó de un arcón una escopeta enorme y antigua. Llevándola como un soldado, don Ramiro fue a pasearse por las calles de su barrio. A todos los muchachos que encontró, les dijo:

—Mañana voy a disparar mi escopeta contra cualquier persona que llame a mi puerta.

Los muchachos, que eran buenos pero un poco traviesos,[4] le escucharon con cortesía sin decir nada.

La noche del 27 de diciembre, don Ramiro estaba cansado y con voz ronca por haber repetido tantas veces la historia de la escopeta.

—Esta noche, después de cuatro años de molestia, voy a dormir en paz —don Ramiro anunció a su esposa. —Ahora, todos los muchachos me tienen miedo.

La buena señora sonrió. —Nadie es tan inteligente como mi esposo —dijo con cariño.

—Gracias, luz de mis ojos. Aunque solamente son las nueve, según el reloj de la catedral, voy a acostarme en seguida.

Y don Ramiro fue a su dormitorio donde se preparó a pasar una noche tranquila.

---

[1] **barrio** vecindad    [2] **tirar** arrojar    [3] **maceta** vasija de barro que lleva flores
[4] **travieso** revoltoso

Pero a eso de la medianoche, don Ramiro oyó una llamada fuerte a la puerta: ¡pun, pun, pun!

Saltando de su cama, el español recogió[1] su escopeta. Abrió la ventana de su dormitorio. A la luz de la luna vio delante de su casa a un joven vestido de soldado y a su lado un magnífico caballo blanco.

—¿Es usted el distinguido don Ramiro Quesada Vásquez de la Vega? —preguntó el joven cortésmente, pero con cierto tono de autoridad.

—Sí, señor, soy yo —respondió don Ramiro, creyendo que hablaba con un capitán o por lo menos con un sargento.

—Un pariente suyo tiene el honor de ser Virrey del Virreinato de Nueva Granada, ¿no es verdad?

Don Ramiro se quedó sorprendido.

—Pues . . . pues . . . —murmuró, sin saber si debía decir la verdad o no.

—Bueno, señor, aquí tiene usted una carta, sin duda una carta muy importante.

—Sí, sí, ¡espere un momento, por favor!

Diciendo esto, don Ramiro puso la escopeta en la cama y rápidamente cambió su ropa de dormir por un traje digno[2] de la ocasión. Entonces, ligero[3] como un rayo, bajó la escalera y abrió la puerta.

—Su carta, señor, y perdone la molestia a estas horas.

Sin esperar una respuesta, el joven dio un saludo militar, corrió hacia su caballo, lo montó, y en un abrir y cerrar de ojos desapareció en las sombras de la noche.

—¿Quién me habrá escrito esta carta? —pensó don Ramiro. —¡Qué sobre más grande y qué letra más bonita! ¡Es posible que el abogado en España me anuncie que soy heredero[4] de la fortuna de mi tía!

---

[1] **recoger** tomar en manos    [2] **digno** que merece    [3] **ligero** rápido
[4] **heredero** persona a quien pertenece una herencia

Temblando de emoción, abrió el sobre, sacó la carta, una carta breve, y leyó estas palabras:
«¡Pobre inocente!»


EJERCICIOS

**A. Termine las frases con las palabras apropiadas.**
 1. El Día de los Inocentes es el:
    (a) primero de abril.
    (b) 28 de diciembre.
    (c) 31 de octubre.

 2. Don Ramiro vivía con:
    (a) un sobrino.
    (b) sus familiares.
    (c) su esposa.

 3. Los que gritaron «inocente» a don Ramiro eran:
    (a) los muchachos traviesos.
    (b) las mujeres del barrio.
    (c) sus íntimos amigos.

 4. El tercer año les tiró:
    (a) una flor.
    (b) agua caliente.
    (c) una maceta.

 5. Don Ramiro sacó de un arcón:
    (a) a su esposa.
    (b) una escopeta.
    (c) un testamento.

 6. Don Ramiro se acostó a:
    (a) las nueve.
    (b) las diez.
    (c) las doce.

7. A las doce y media apareció delante de la casa:
   (a) un señor pobre.
   (b) la esposa de don Ramiro.
   (c) un joven vestido de soldado.

8. El joven le presentó a don Ramiro:
   (a) una carta.
   (b) un saludo.
   (c) un regalo.

9. Don Ramiro puso la escopeta:
   (a) en el arcón.
   (b) en la cama.
   (c) en el suelo.

10. La carta decía:
    (a) pobre inocente.
    (b) buenas noches.
    (c) no se fíe de nadie.

**B. Describa lo siguiente con las palabras dadas, formando frases completas.**
1. El Día de los Inocentes: bromas / burlas / primero de abril / día religioso / memoria / hizo matar.
2. Don Ramiro: español / buen carácter / esposa / serio / orgulloso.
3. El efecto de las bromas en don Ramiro: se rió / pronunció un discurso / les tiró una maceta / les gritó.
4. El 27 de diciembre don Ramiro: sacó / escopeta / pasearse / barrio / voy a disparar / que llame / puerta.
5. El joven, vestido de soldado, le dice a don Ramiro: distinguido / pariente / Virrey / carta / importante.

## C. Conteste las siguientes preguntas:

1. ¿Cuándo es el Día de los Inocentes?
2. ¿Quién era víctima de las bromas?
3. ¿Quién llamaba a su puerta a las 12:05?
4. ¿Qué le gritaban?
5. El cuarto año, ¿cómo los amenazó?
6. ¿Qué sacó don Ramiro del arcón?
7. ¿Quién creyó que don Ramiro era inteligente?
8. ¿A qué horas oyó don Ramiro a alguien llamar a la puerta?
9. ¿Por qué no sabía don Ramiro si debía decir la verdad o no?
10. ¿Qué hizo el joven después de darle la carta?

## D. Termine las frases de la primera columna con la frase correcta de la segunda.

1. Los niños andan listos para        en las sombras.
2. El segundo año        español recogió su escopeta.
3. La conclusión tiene        por sus leyendas encantadoras.
4. Don Ramiro era        abrió el sobre.
5. Tunja es famosa        una sorpresa.
6. Saltando de su cama el        abrió la puerta.
7. El joven desapareció        burlarse de sus amigos.
8. Temblando de emoción        pronunció un discurso.
9. El español estaba        cansado y con voz ronca.
10. Bajó la escalera y        víctima de bromas.

**E. Hechos interesantes.**

¿Cuáles son las palabras con letras revueltas?

En la tierra hay alrededor de 400.000 diferentes especies de *selamina.* Los *sectosin* ocupan el primer lugar con 280.000 clases y siguen los *cepes* con 12.000.

Un *járpoa* azul vuela diariamente alrededor de 165 millas en busca de *alitosmen.*

En las dos *ricasAmé,* de *kaaAls* hasta Patagonia, hay alrededor de 400 especies de colibríes.

Américas, Alaska

pájaro, alimentos

animales, insectos, peces

**4**

# Las manchas[1] del sapo

*En esta leyenda usted va a informarse de las aventuras del señor Sapo, el primer astronauta entre los animales. Dentro del espacio de un día, este valiente héroe hizo un viaje de ida y vuelta al cielo. Desgraciadamente,[2] debido a que su compañero no poseía un alma buena, el señor Sapo sufrió heridas en el viaje de vuelta. Así, su piel lisa[3] llegó a cubrirse de manchas que nunca desaparecieron. Estas manchas servían de prueba de su viaje heroico e inolvidable. En memoria de su antepasado distinguido, los sapos continúan llevando las mismas manchas.*

*En muchas partes del mundo hay falsas supersticiones acerca de los sapos. Pero estos animalitos no prestan atención a tales tonterías. Como siempre, comen insectos, viven felizmente con sus familias y hablan con orgullo del viaje extraordinario realizado por su antepasado ilustre.*

Una vez, en tiempos muy remotos, todas las aves[4] fueron invitadas a una fiesta en el cielo. Al recibir la invitación, cada una de ellas empezó a limpiar y arreglar su plumaje y a prepararse para participar en el programa.

El coro, compuesto de ruiseñores, calandrias, canarios y sinsontes,[5] practicaba todo el día, desde el amanecer hasta la puesta del sol. ¡Qué melodiosas eran sus voces!

---

[1] **mancha** marca   [2] **desgraciadamente** con mala suerte   [3] **lisa** suave
[4] **ave** pájaro   [5] **ruiseñores ... sinsontes** tipos de aves

El cuervo negro, que no sabía ni cantar ni bailar, quería tocar su guitarra en la fiesta. Pero no fue invitado a participar porque tocaba con más entusiasmo que talento. Sin embargo, decidió practicar, pensando que tocaría su instrumento si se le presentaba la oportunidad.

Por fin llegó la mañana de la fiesta y todas las aves, grandes y pequeñas, salieron volando hacia el cielo menos el cuervo, que nunca tenía prisa. Aquella mañana él se quedó por largo tiempo en el bosque arreglando su negro y brillante traje. Cuando terminó sus preparativos, tomó su instrumento dispuesto a emprender vuelo[1] hasta el cielo. En este momento oyó una voz que le decía:

—Buenos días, señor Cuervo. ¿Adónde va tan temprano con su traje elegante y con su guitarra sonora?

—¡Señor Sapo! ¿Cómo está usted? Sabrá que me voy al cielo para asistir a una fiesta. Allí sólo van los que vuelan a gran altura y tienen plumaje hermoso. Como le faltan las alas y las plumas, y además es muy feo, creo que no es para usted la fiesta.

—¡Oh! —exclamó el sapo, sin prestar atención al insulto del cuervo sobre su apariencia, —y tantas ganas que tengo de conocer el cielo y dar un paseíto por allá. ¿No puedo ir con usted, amigo Cuervo?

—Eso es absolutamente imposible —dijo el cuervo con un tono de voz muy importante, mientras ponía su guitarra en el suelo y se dirigía al río para beber agua.

El astuto[2] sapo se aprovechó de ese breve momento y se metió en la guitarra sin ser visto.

—¡Qué sorprendido va a estar el gran señor Cuervo cuando me vea en la fiesta! —se dijo el sapo mientras se sentaba en un rincón oscuro del instrumento.

Al terminar de beber, el cuervo gritó:

---

[1] **emprender vuelo** empezar a volar    [2] **astuto** sabio

—Adiós, amigo Sapo, dondequiera que esté. ¡Mañana le contaré lo que pasó en la fiesta!

Dicho esto, el ave tomó su guitarra con su pasajero y emprendió vuelo hacia el lugar de la fiesta, el cielo.

Al llegar allí, después de un largo viaje en el aire, el cuervo se sentó en el lugar indicado por uno de los anfitriones, dejando su guitarra en un rincón.

La fiesta había comenzado ya. El coro de cantores[1] divertía a los muchos invitados con sus hermosas melodías. Luego desfilaban,[2] una por una, ciertas aves luciendo[3] sus maravillosos plumajes. ¡Qué alegría! ¡Cuántos gritos y voces animaban la fiesta!

Por fin llegó la hora del baile. Las aves comenzaron a bailar elegantemente. De pronto notaron entre la concurrencia[4] a un bailarín extraño. Era el sapo que cantaba y bailaba con tal agilidad, entusiasmo y alegría que agradó a los presentes y les causó gran admiración. Todos aplaudieron ruidosamente al entusiasmado bailarín que, un poco nervioso, miraba a cada instante al cuervo y a la guitarra.

Se divirtió grandemente el sapo en la fiesta, aunque pensaba mucho en cómo iba a volver a la tierra si el cuervo, por casualidad, llegara a descubrir su engaño.[5] El señor Cuervo, por supuesto, estaba asombrado al encontrarse con su amigo en la fiesta y al verlo bailar tan contento. Sospechó el astuto engaño del sapo pero no le dijo nada. Ya estaba para terminarse la fiesta cuando una paloma, amable y diplomática, observó que el cuervo era la única ave que no había participado en el programa y dijo en voz alta:

—Señor Cuervo, ¿no quiere usted dar las gracias a nuestros anfitriones de parte de todas las aves, por tan magnífica fiesta?

---

[1] **cantor** cantante   [2] **desfilar** marchar   [3] **lucir** exhibir con orgullo
[4] **concurrencia** reunión de muchas personas   [5] **engaño** fraude

—Con mucho gusto, palomita —dijo el cuervo. Ansioso por llamar la atención de todos, se dispuso a pronunciar un discurso elegante pero breve.

Mientras hablaba el cuervo, llegó el sapo de salto en salto a la guitarra. Pronto se metió otra vez en ella, sin que nadie lo viera, y esperó allí el viaje de regreso.

Terminada la fiesta, antes de la puesta del sol, todas las aves regresaron a la tierra y con ellas el cuervo que estaba muy satisfecho después de su brillante discurso.

El sapo, temeroso sin saber por qué, esperaba con ansiedad la llegada al suelo cuando de pronto sintió que algo extraño le ocurría. Era que ya no estaba en su escondite.[1] El cuervo, deliberadamente, había dado vuelta a la guitarra. ¡El bailarín y aventurero sapo salió proyectado[2] por la boca de la guitarra en dirección al suelo que estaba muy distante!

¡Pobre sapo bailarín! Temió morirse de miedo y ansiedad al dar vueltas y revueltas por el aire. En su solitario viaje no cesaba de rogar:

—¡Piedras del camino, apártense cuando yo llegue al suelo!

Y se decía a sí mismo, —¡Ojalá que caiga en blanda hierba! ¡Si no, me muero! ¡Pobre piel mía!

Por fin llegó el sapo a la tierra. Las piedras no se habían apartado y se golpeó mucho, pero no se murió. Pronto sanaron las heridas que le resultaron de su tremendo golpe y quedaron en su lugar unas manchas iguales a las que tienen los sapos de hoy.

Después de lo ocurrido, ningún sapo ha querido volar al cielo ni engañar a cuervo alguno. Y desde aquellas remotas épocas se dice que los sapos saben cuando va a llover porque uno de ellos anduvo una vez por las nubes en compañía del cuervo, el «ave de la tormenta».

---

[1] **escondite** lugar donde se esconde    [2] **proyectar** arrojar

EJERCICIOS

**A. Termine las frases con las palabras apropiadas.**
1. El coro se componía de:
   (a) toda clase de aves.
   (b) sapos.
   (c) ruiseñores únicamente.

2. La fiesta tuvo lugar:
   (a) en una cueva.
   (b) en los árboles.
   (c) en el cielo.

3. El cuervo negro:
   (a) quería tocar su guitarra.
   (b) no podía volar.
   (c) no sabía leer.

4. El sapo no podía ir a la fiesta porque:
   (a) le faltaban alas y plumas.
   (b) no sabía tocar la guitarra.
   (c) tenía que quedarse con la familia.

5. El sapo:
   (a) fue al río.
   (b) comenzó a llorar.
   (c) se metió en la guitarra.

6. Notaron un bailarín extraño, y era:
   (a) el sapo.
   (b) el cuervo.
   (c) un canario.

7. Mientras hablaba el cuervo, el sapo:
   (a) cantó alegremente.
   (b) se metió en la guitarra.
   (c) comenzó a bailar más.

8. Todas las aves regresaron:
   (a) la mañana siguiente.
   (b) el jueves próximo.
   (c) antes de la puesta del sol.

9. «Piedras del camino:
   (a) háganse suaves.»
   (b) apártense.»
   (c) recíbanme.»

10. Al caer el sapo:
    (a) saludó a la gente.
    (b) voló un poco.
    (c) se golpeó mucho.

**B. Describa lo siguiente con las palabras dadas, formando frases completas.**
   1. El coro: ruiseñores / canarios / practicaba / amanecer / puesta / melodiosas / voces.
   2. La mañana de la fiesta: todas / aves / pequeñas / volando / menos / cuervo / nunca / prisa.
   3. El cuervo llegó al cielo: después / viaje / aire / se sentó / lugar / dejando / guitarra.
   4. La fiesta: coro / divertía / invitados / melodías / desfilaban / luciendo / plumajes.
   5. Un bailarín extraño: cantaba / bailaba / agilidad / alegría / admiración.

**C. Conteste las siguientes preguntas:**
   1. ¿Quiénes fueron invitados a una fiesta en el cielo?
   2. ¿Quién no sabía cantar?
   3. ¿Cómo llegaron al cielo?
   4. ¿Cómo llegó el sapo?
   5. ¿Cómo bailaba el sapo?
   6. ¿Por qué estaba nervioso el sapo?
   7. ¿Quién dio un discurso?
   8. ¿Cómo cayó el sapo?
   9. ¿Cómo resultaron las heridas?
   10. ¿Quiénes no quieren volar al cielo?

**D. Dé una descripción breve de estas aves: águila, colibrí, cuervo, ruiseñor, canario, quetzal.**

**E.  ¿Cuáles son las letras que faltan? ¡Es un problema difícil!**
1. vo__e__
2. p__lo__a
3. be____r
4. a____ós
5. ti__mp__
6. sal__o
7. lle__ó
8. a__es
9. n__d__
10. di__cu__so

# El cabo[1] Montáñez

*Las guerras de la independencia de Hispanoamérica contra España empezaron alrededor del año 1810 y duraron catorce años. Entre los héroes sudamericanos de este período había dos libertadores: Simón Bolívar,[2] que dio la libertad a las colonias del norte, y José de San Martín[3] que libertó a las del sur.*

*En 1821, el general San Martín y sus soldados llegaron al Perú, decididos a libertar a este país, la última fortificación de los españoles. Como el general no quería ocupar a Lima por medio de la fuerza, empezó negociaciones con el virrey, las cuales duraron por muchos meses. Al fin de este tiempo, el virrey y sus funcionarios salieron para España, dejando a los patriotas en posesión de la ciudad.*

*La siguiente selección, una versión que se encuentra en Tradiciones peruanas por Ricardo Palma,[4] nos presenta un episodio de la vida del cabo Montáñez. La acción pasa durante el tiempo de negociaciones cuando no había batallas. Es evidente que este soldado legendario tenía fe en el proverbio que dice: «Quien no se aventura no pasa el mar».*

---

[1] **cabo** título militar entre soldado y sargento
[2] **Bolívar** patriota venezolano, conocido por *el Libertador*
[3] **San Martín** general y político argentino, libertador de Chile y del Perú
[4] **Palma** escritor peruano (1833–1919), creador del género de leyendas

Cierto día cuando el capitán Centellas admitió que era incapaz[1] de disciplinar al joven cabo Montáñez, llamó a éste a su lado y lo ordenó:

—Montáñez, entréguele esta carta al general Aquiles que está en Lima y espere la respuesta. Salga de aquí mañana al amanecer[2] y no pierda tiempo en el camino.

—A sus órdenes, mi capitán —dijo Montáñez, dando un saludo militar.

Tres días después se presentó ante el general, hombre muy temido en el ejército por su severidad y su mal humor.

—Buenos días, mi general —saludó Montáñez con aire marcial. —Aquí le traigo esta carta de mi capitán Centellas, y espero su respuesta.

Sin decir una palabra, el general abrió la carta y leyó:

> Estimado Aquiles:
>
> Esta tiene por objeto presentarle al cabo Montáñez, que es un excelente soldado. Lo malo es que le gusta hacer apuestas[3] con todo el mundo y como siempre gana, goza de mala reputación. Espero que le dé un puesto[4] en el regimiento de su comando, a ver si se corrige.
>
> Su fiel amigo,
> Centellas

El general guardó la carta y mirando de arriba a abajo al joven se limitó a decir:

—Cabo Montáñez, de hoy en adelante queda usted a mi servicio, pero si no se porta bien, le fusilo.[5]

—Está bien, mi general.

Así Montáñez entró en el regimiento del general, dis-

---

[1] **incapaz** sin la habilidad    [2] **amanecer** aurora
[3] **hacer apuestas (apostar)** pactar en una disputa para ganar dinero
[4] **puesto** posición    [5] **fusilar** matar a tiros

puesto[1] a servir bien, y a ganar nuevas apuestas, si podía. Su traslado[2] a la noble y antigua ciudad de Lima no había cambiado su espíritu ni su ambición.

Una noche, el general llamó aparte a su nuevo cabo y le dijo:

—Buenas noches, Montáñez. Según un reporte que acabo de recibir, usted no se corrige. Me dice que sigue haciendo apuestas y esto no está de acuerdo con las reglas del ejército. Pero, vamos a ver. ¿Quisiera usted probar la suerte conmigo?

—A sus órdenes, mi general.

—Bien, nombre usted la apuesta.

—Pues, si usted quiere. Le apuesto cinco libras[3] a que usted tiene la cabeza cubierta de lunares, docenas de lunares grandes y feos.

—¡Lunares! ¡Qué locura! ¿Cómo se atreve usted? Eso es absurdo. Le apuesto diez libras a que no los tengo.

—Convenido, mi general. Vamos a ver.

Y como el general no tenía ni un solo lunar en la cabeza, el pobre cabo tuvo que pagar las diez libras y según las apariencias,[4] salió lleno de resignación.

La próxima semana el capitán Centellas recibió la siguiente carta:

---

Estimado Centellas:

Sin duda alguna, su cabo es idiota. Figúrese usted que me apostó a que yo tenía la cabeza cubierta de docenas de lunares grandes y feos. Naturalmente, con sólo quitarme mi peluca[5] y mostrarle mi calva[6] sin lunares, le gané diez libras, es decir, su sueldo del mes.

Su amigo,
Aquiles

---

[1] **dispuesto** preparado    [2] **traslado** cambio de hogar    [3] **libra** moneda de oro
[4] **apariencia** cosa que parece y no es    [5] **peluca** cabellera postiza
[6] **(cabeza) calva** sin pelo

El capitán dio un profundo gemido y respondió:

---

Estimado Aquiles:

   ¿Usted cree que Montáñez es idiota? Pues sí y no. Figúrese que antes de salir para Lima, él y yo apostamos: Yo a que usted nunca se quitaría su peluca para mostrarle su calva y él a que sí lo haría. Usted le ganó diez libras, pero yo perdí veinte, es decir, mi sueldo del mes.

                                        Centellas

---

EJERCICIOS

**A. Termine las frases con las palabras apropiadas.**
   1. Para libertar al Perú, San Martín:
      (a) empezó negociaciones con el virrey.
      (b) declaró la guerra.
      (c) invadió al país.

   2. El capitán Centellas:
      (a) quiso honrar al cabo Montáñez.
      (b) no pudo encontrar al cabo.
      (c) era incapaz de disciplinar al cabo.

   3. Lo malo del cabo es que:
      (a) no es buen soldado.
      (b) le gusta hacer apuestas.
      (c) duerme muy tarde.

   4. El cabo se trasladó:
      (a) a la noble ciudad de Lima.
      (b) al norte de España.
      (c) a una isla cerca de Puerto Rico.

5. Montáñez seguía haciendo apuestas y esto:
   (a) no está de acuerdo con las reglas.
   (b) le daba mucho gusto al general.
   (c) le costaba dinero.

6. El cabo apostó diez libras a que:
   (a) el general tenía canas.
   (b) el general era calvo.
   (c) el general tuviera la cabeza cubierta de lunares.

7. El general:
   (a) sí tenía lunares.
   (b) llevaba una peluca.
   (c) tenía mucho pelo.

8. El general ganó del cabo:
   (a) cinco libras.
   (b) quince libras.
   (c) diez libras.

9. El cabo y el capitán Centellas:
   (a) apostaron que el general Aquiles era rico.
   (b) nunca apostaron.
   (c) apostaron acerca de la peluca del general.

10. El sueldo del mes del capitán Centellas era:
    (a) diez libras.
    (b) quince libras.
    (c) veinte libras.

**B. Describe lo siguiente con las palabras dadas, formando frases completas.**

1. El general San Martín: sus soldados / determinados / ocupar / batalla / empezó / negociaciones.
2. El general Aquiles: muy temido / ejército / severidad / humor.
3. El cabo Montáñez: excelente / le gusta / apuestas / todo el mundo / gana / reputación.
4. El general al cabo: reporte / no se corrige / sigue / apuestas / reglas / ejército.
5. El general Aquiles al capitán Centellas: cabo / idiota / apostó / lunares / peluca / calva / gané / sueldo.

## C. Conteste las siguientes preguntas:
1. ¿Por qué era imposible disciplinar al cabo?
2. ¿Por qué fue enviado el cabo al general Aquiles?
3. ¿Cuántos días tardó en llegar a Lima?
4. ¿Por qué era temido el general Aquiles?
5. ¿Qué traía el cabo para el general?
6. ¿Era buen soldado el cabo?
7. ¿Qué le iba a hacer el general al cabo si no se portaba bien?
8. ¿Seguía haciendo apuestas el cabo?
9. ¿Dónde decía el cabo que el general tenía los lunares?
10. ¿Quién ganó la última apuesta?

## D. ¿Dónde se ven estos avisos o rótulos?
1. Entrada gratis
2. Se prohíbe el paso
3. No anunciar
4. ¡Alto!
5. ¡Pase!
6. Tome su derecha
7. Parada
8. Estacionamiento prohibido
9. Puente angosto
10. ¡Cuidado, animales!
11. ¡Peligro, pavimento irregular!
12. Abroche el cinturón
13. ¡Silencio!
14. No fumar

## E. Adivinanzas
1. ¿Qué es chiquita como un ratón y guarda la casa como un león?

2. ¿Qué es lo que va de su casa a la escuela sin moverse?

3. Oro parece,
   Plata no es.
   Quién no lo sabe
   Bien tonto es.

el plátano

el camino

la llave

Una leyenda de los quichés
de Guatemala

# Quetzal¹ no muere nunca

*Después de leer la siguiente leyenda, se podrá entender por qué la gente de Guatemala quiere tanto al quetzal, el símbolo de la libertad y de la nobleza de un héroe indio.*

*Una gran parte de la población de Guatemala es indígena, descendientes de los mayas y de los quichés, una tribu hermana. Según el calendario maya, la era maya-quiché empezó en el año 3485 a.C.² La mayor parte de los indios viven en sus pueblos situados en las montañas. Aquí continúan observando las costumbres de sus antepasados. Se usan trajes hermosos que son diferentes en cada pueblo. Están adornados de dibujos antiguos que representan dioses, animales y flores. Como en los siglos pasados, el adivino³ es una persona muy estimada.*

Quetzal era un valiente muchacho, hijo del poderoso cacique⁴ de una tribu quiché. Era admirado y querido por todos. Esperaban de él grandes hazañas,⁵ pues desde el día de su nacimiento habían notado en Quetzal muchas señales de predestinación.⁶

Cuando el joven llegó a la mayoría de edad y pudo participar en todos los asuntos de los guerreros⁷ quichés, se reunió la tribu en un gran claro del bosque para celebrar la ocasión. Primero, los músicos tocaron los tambores, después las flau-

---

¹**quetzal** ave tropical, de plumaje de colores brillantes    ²**a. C.** antes de Cristo
³**adivino** uno que predice el futuro    ⁴**cacique** jefe    ⁵**hazañas** hechos ilustres
⁶**predestinación** indicación de un buen futuro    ⁷**guerreros** soldados

tas y más tarde la marimba. Entonces llegó el momento tan esperado cuando se daría a conocer el destino de Quetzal.

En medio de un silencio expectante, el adivino más anciano se levantó de su asiento bajo el árbol de color coral. Lentamente y con dignidad, arrojó a su alrededor con sabia mano los granos coralinos.[1] Los estudió por unos momentos, algo perplejo[2] y lleno de admiración. Al fin anunció claro y firme:

—Tu destino está decidido, Quetzal. No has de morir nunca. Vivirás eternamente a través de generaciones de quichés.

Todas las personas reunidas se quedaron perplejas ante aquella profecía, y la admiración y el entusiasmo que tenían por Quetzal aumentaron.

Pero no toda la tribu amaba al muchacho. Había una persona a quien los éxitos de Quetzal le molestaban. Era Chiruma, el hermano del cacique.

Chiruma era casi tan joven como Quetzal y había soñado toda su vida con ser cacique. Pero ahora, después de escuchar la profecía del adivino, ¿cómo podría él realizar su ambición? Era indudable que Quetzal, admirado por todos y considerado casi un dios, sería el jefe de la tribu al morir su padre.

Poco después de la ceremonia en honor de Quetzal, él y los otros jóvenes de su edad participaron en una lucha contra un enemigo del sur. Chiruma aprovechó esta ocasión para no perder de vista a Quetzal. Estaba perplejo al notar que las flechas que rodeaban al joven nunca lo herían.[3] ¿Sería cierta la profecía que el adivino había hecho? Pero no, ¡aquello era imposible! ¿Cómo iba a vivir Quetzal a través de generaciones?

De pronto, Chiruma tuvo una idea.

---

[1] **granos coralinos** semillas del árbol de coral      [2] **perplejo** confundido
[3] **herir** lastimar

—Ya sé —pensó. —Ya sé por qué la muerte respeta a Quetzal. Tiene algún amuleto[1] poderoso que lo protege y yo voy a robárselo cuando esté durmiendo.

Esa misma noche cuando Quetzal dormía profundamente sobre su estera,[2] Chiruma se acercó a él con paso silencioso. Miró sobre su pecho. El amuleto no estaba allí. Iba ya a irse cuando vio a la cabeza de la estera donde dormía el joven una pluma de colibrí.[3] Chiruma no dudó ni por un momento de que aquello era lo que buscaba. Con todo el cuidado posible sacó la brillante pluma mientras sonreía de felicidad.

Entonces recordó lo que había dicho el adivino cuando nació Quetzal: que el colibrí era el símbolo de la buena suerte del niño.

Pasó algún tiempo y murió el cacique. Inmediatamente los ancianos[4] eligieron a Quetzal para ser el nuevo jefe.

Chiruma, por supuesto, no dio ninguna seña de su enojo. Estaba seguro de que muy pronto el nuevo cacique, sin su amuleto poderoso, podría ser vencido.

Cierta tarde, Quetzal, el nuevo cacique, paseaba por el bosque, solitario, armado de su arco y sus flechas. De súbito[5] un colibrí hermoso descendió de un árbol y sin miedo se posó sobre su hombro.

—Escúchame, Quetzal. Soy tu protector y vengo a prevenirte de que la muerte te persigue. Guárdate de cierto hombre envidioso.

—¿De qué hombre he de guardarme, hermoso colibrí? —preguntó el joven.

Pero el pájaro no pronunció ni una palabra más. Después de mirar unos instantes a Quetzal, emprendió el vuelo y desapareció.

El joven, con una seña de incomprensión continuó su camino. De pronto un agudo silbido llegó hasta él y una

---

[1] **amuleto** objeto al que se atribuye un poder sobrenatural    [2] **estera** tejido de palma
[3] **colibrí** tipo de pájaro    [4] **anciano** viejo    [5] **de súbito** de repente

flecha quedó clavada en su pecho. Cayó sobre la hierba verde y cerró los ojos dispuesto a morir.

Pero los dioses habían predicho[1] su inmortalidad y Quetzal quedó convertido en una hermosa ave. Su cuerpo tomó el color verde de la hierba sobre la que había caído y su pecho conservó el color de la sangre. El sol dorado de la tarde puso en su larga cola una gran variedad de colores.

Por muchos siglos se ha considerado al quetzal como ave sagrada que hasta hoy día no se permite cazar. Guatemala ha honrado a esta ave bella, colocando su imagen en el escudo nacional de armas. También la moneda de este país se llama quetzal.

Así como lo predijo el adivino, y como lo quisieron los dioses, el joven y valiente cacique vive y vivirá para siempre en el país de los maya-quiché.

## EJERCICIOS

**A. Termine las frases con las palabras apropiadas.**

1. Quetzal era:
   (a) un valiente muchacho.
   (b) feroz y perezoso.
   (c) hijo de la diosa Luna.

2. El adivino:
   (a) arrojó los granos coralinos.
   (b) sacó una flecha de su bolsa.
   (c) le dio una moneda a Quetzal.

3. El adivino dijo a Quetzal:
   (a) Serás rico.
   (b) Te casarás con una mujer bella.
   (c) Vivirás para siempre.

---

[1]**predecir** anunciar el futuro

4. Chiruma había soñado con ser:
   - (a) valiente.
   - (b) cacique.
   - (c) admirado.

5. La muerte respetaba a Quetzal porque:
   - (a) sabía correr bien.
   - (b) tenía un amuleto poderoso.
   - (c) se escondía del enemigo.

6. El adivino había dicho cuando nació Quetzal:
   - (a) que el colibrí era símbolo de buena suerte para él.
   - (b) que iba a ser criado.
   - (c) que era guapo.

7. Los ancianos eligieron a Quetzal para ser:
   - (a) el viejo cacique.
   - (b) el nuevo jefe.
   - (c) presidente.

8. Un colibrí:
   - (a) pasó volando.
   - (b) cantó.
   - (c) se posó en el hombro.

9. Quetzal quedó convertido en:
   - (a) un colibrí.
   - (b) una hermosa ave.
   - (c) una gallina.

10. Guatemala honra a esta ave:
    - (a) colocando su imagen en el escudo.
    - (b) con fiestas alegres.
    - (c) cazándola.

**B. Describa lo siguiente con las palabras dadas, formando frases completas.**
1. Los quichés: pueblo / traje / adornado / dibujos / dioses / flores.
2. Quetzal: valiente / hijo / cacique / admirado / todos.
3. El adivino: anciano / se levantó / arrojó / mano / granos.
4. Chiruma: casi / joven / soñado / cacique.
5. La conversión de Quetzal: ave / cuerpo / verde / hierba / pecho / sangre / sol / tarde / cola / variedad.

**C. Conteste las siguientes preguntas:**
1. ¿Cuál es el símbolo de la libertad en Guatemala?
2. ¿Quién era el hijo del cacique?
3. ¿Qué hizo el pueblo cuando Quetzal llegó a la mayoría de edad?
4. ¿Qué arrojó el adivino?
5. ¿Quién dijo, «Vivirás para siempre»?
6. ¿Quién no amaba a Quetzal?
7. ¿Qué vio Chiruma a la cabeza de la estera de Quetzal?
8. ¿Qué se posó sobre el hombro de Quetzal?
9. ¿Cómo murió Quetzal?
10. ¿Cómo vive Quetzal ahora?

**D. Todas estas palabras están relacionadas—menos una. ¿Cuál es la palabra que no tiene relación con las otras?**
1. falda, manto, traigo, traje
2. compañero, aguacero, aventurero, nana
3. botín, lado, ladrón, robar
4. pie, piedra, pierna, pecho
5. adivino, cacique, cojo, virrey
6. tristeza, felicidad, alegría, estar en la gloria
7. llover, llorar, gemir, lamentar
8. se, té, le, te
9. vago, vega, valle, cerro
10. vio, venido, visto, vi

# Un gran regalo

*Durante el siglo diecinueve, la gran riqueza natural de la Argentina atrajo a muchos inmigrantes de todas partes del mundo. Con muy poco dinero podían comprar una porción de terreno en la pampa, una tierra fértil y rica. Si el inmigrante era capaz de[1] combatir la soledad y la vida sencilla, el trabajo y el sacrificio le daba la recompensa de la prosperidad y la paz campestre.[2]*

*Esta es la historia de un forastero[3] pobre, recién llegado a la Argentina, que, sin darse cuenta,[4] les dio un gran regalo a las gentes de ese país. También se describe a una familia del pueblo de Mendoza, en la frontera del oeste cerca de los Andes. Esta familia, a causa de su generosidad, recibió un tesoro.[5]*

S egún cuentan, hacia los años 1860, llegó un forastero a una hacienda cerca del pueblo de Mendoza. Era un día frío de invierno, y el pobre estaba enfermo y flaco.[6] Había cruzado la gran cordillera[7] de los Andes, y llegó a la hacienda medio muerto, sin poder explicar lo que le había pasado, ya que no hablaba mucho castellano.[8]

Como el dueño[9] de la hacienda era un hombre de buen corazón, le dio comida, y un lugar para dormir.

El dueño, que era criollo,[10] vivía con su hijo e hija, cuidando animales en un terreno pequeño. Eran pobres, y te-

---

[1] **era capaz de** podía     [2] **campestre** de campo     [3] **forastero** persona de fuera
[4] **darse cuenta** saberlo     [5] **tesoro** algo de mucho valor     [6] **flaco** muy delgado
[7] **cordillera** cadena de montañas     [8] **castellano** español     [9] **dueño** amo
[10] **criollo** nacido en las Américas, de padres españoles

47

nían pocos lujos; pero la hacienda le daba suficiente para sustentarse[1] y seguir adelante, y hasta para poder ayudar al pobre que acababa de llegar.

El extranjero pasó varios días comiendo y descansando. Cuando se sintió otra vez fuerte, decidió seguir adelante su camino; pero le apenaba[2] no tener nada que dar al ranchero para compensar toda su hospitalidad. Como no podía hablar apenas el español, dio vuelta a sus bolsillos para demostrar que no tenía ni siquiera[3] un centavo que ofrecerles.

Al hacer ese gesto descubrió en la costura[4] de un bolsillo, una pequeña semilla verdiamarilla. En ese momento se le ocurrió la idea de regalar la semilla al ranchero. Le dijo lo mejor que pudo, que la semilla la trajo de Europa, donde la había estado sembrando;[5] y que era una planta muy buena.

El ranchero aceptó la semilla con toda seriedad y aprecio. La envolvió[6] en una servilleta y la guardó[7] en un baúl con los tesoros de la familia.

Se despidieron,[8] y pronto el ranchero se olvidó por completo[9] de la semilla.

Pero la hija no se olvidó. Un día de primavera, ella se acordó de la semilla misteriosa, fue al baúl y la sacó. La mostró al ranchero. Su papá se sonrió y le dijo que la podía sembrar si quería; que a fin de cuentas,[10] no perdían nada de valor.

La hija tenía más fe en la semilla. Fue a un jardincito donde sembraba sus flores preferidas. En un rincón preparó la tierra y con mucho cuidado sembró la semilla. Luego la roció[11] con agua, y siguió regándola[12] todos los días. Esperaba con impaciencia que saliera algo, cuando por fin después de todo su trabajo vio salir una plantita verde.

---

[1] **sustentarse** comer   [2] **apenaba** daba pena   [3] **ni siquiera** ni aún
[4] **costura** la parte cosida   [5] **sembrando** plantando   [6] **envolvió** metió
[7] **guardó** puso   [8] **se despidieron** dijeron adiós   [9] **por completo** totalmente
[10] **a fin de cuentas** de todos modos   [11] **roció** echó un poco de agua
[12] **regándola** echándole agua

Corrió a enseñarle a su papá la nueva planta. Pero él le dijo que no era más que una mala hierba.[1] Ella la arrancó[2] y esperó más días. Volvió a crecer más mala hierba, y la siguió arrancando. Toda impaciente, continuó esperando que ocurriera algo distinto. Por fin salieron tres hojas verdes, pequeñas y casi redondas. Nunca había visto una planta así.

La hija estaba emocionada. Ya había oído leyendas de forasteros necesitados que recibieron la ayuda de una familia desconocida.[3] Al recibirla, los forasteros dejaron regalos que aparentemente no tenían mucho valor, pero a largo plazo[4] se convirtieron en una fortuna para la familia.

¿Podía ser que el forastero era también de leyenda? Pero ella lo recordaba como algo real. Además, no tenía nada de feo . . .

Continuó cuidando la planta con tanta fe y esmero[5] que hasta su padre también empezó a interesarse por ella. ¿Qué podría ser esa planta? Salieron otras hojas de diferentes formas, muy verdes. Luego la planta empezó a florecer,[6] y sus flores eran de color violeta. Nunca habían visto algo parecido.[7]

El hermano había estado ausente, visitando otras haciendas distantes. Cuando volvió de su recorrido,[8] lo llevaron a ver la planta. Se quedó impresionado, pensando que una planta tan frondosa[9] debía ser un pasto[10] excelente para los animales. Dejó su caballo suelto para que descansara del viaje, y entró en casa con su padre y hermana.

Después de comer, fueron de nuevo a examinar la planta, y descubrieron que el caballo del amo compartía su opinión, ¡pues se la había comido! Sólo dejó la raíz,[11] que no pudo arrancar.

---

[1] **mala hierba** planta sin valor    [2] **arrancó** quitó    [3] **desconocida** sin conocerlos
[4] **a largo plazo** más tarde    [5] **esmero** cuidado especial    [6] **florecer** sacar flores
[7] **parecido** similar    [8] **recorrido** viaje    [9] **frondosa** con muchas hojas
[10] **pasto** comida para animales    [11] **la raíz** parte inferior de la planta

La hija se puso a llorar, y ya no quiso acercarse[1] a su jardín. Pero después de cuatro o cinco días, su hermano la llamó con mucho entusiasmo. La planta no sólo había vuelto a crecer, sino que además crecieron nuevos retoños[2] de las ramitas cortadas y tiradas por el caballo.

Entonces la familia entera se dedicó a cuidar las plantas nuevas. Hicieron canales pequeños para regarlas con el agua del pozo,[3] y cercas para protegerlas de los animales. Vieron cómo las plantas crecían rápidamente. Plantaron más ramitas y crecieron plantas hermosas—unas cien, de más de un metro de altura.[4] De las plantas maduras,[5] recogieron muchas semillas. Eran verdiamarillas, iguales que la primera semilla que el forastero les había dado hacía meses.

Creyeron que ya no iban a sacar más provecho de[6] aquellas primeras cien plantas; pero volvieron a florecer, y dieron pasto abundante para todos sus animales.

El padre llamó a todos sus familiares, y juntos se dedicaron a sembrar las semillas, en terreno fértil y bien irrigado.

Los vecinos se quedaron admirados de la hermosa cosecha[7] que consiguió el viejo ranchero. Vieron cómo las primeras plantas volvían a florecer y daban pasto para muchos animales. Ellos también querían tener aquellas semillas. El ranchero les vendió la mitad de las semillas, al precio de una onza de oro por cada onza de semilla. De esta manera, pudo acumular suficiente dinero para comprar más terreno donde sembrar el resto de las semillas.

En pocos años la región de Mendoza tuvo suficientes semillas para vender a toda la República. Los rancheros estaban contentísimos con el rendimiento[8] de la planta, que según algunos extranjeros se llamaba "alfalfa". Con ella pudieron sustentar a todos sus animales, incluso en haciendas donde antes los animales se morían de hambre en el invierno.

---

[1]**acercarse** ir cerca de    [2]**retoños** partes nuevas    [3]**pozo** hoyo con agua
[4]**altura** alto    [5]**maduras** crecidas    [6]**sacar más provecho de** usar más
[7]**cosecha** recogida de frutos    [8]**el rendimiento** la producción

Gracias a aquella semilla misteriosa y la fe de la hija del criollo, la familia prosperó, y pronto, con el fruto de su trabajo, se hicieron ricos.

Un día el viejo ranchero iba a caballo, camino de Mendoza, a vender su ganado[1] gordo y bien alimentado,[2] cuando de repente en el camino se cruzó con el forastero. Éste iba bien vestido, y se veía guapo y fuerte. Él también había prosperado. Se había dedicado a la venta[3] de frutos del país, y el negocio era provechoso.[4]

Después de darle un abrazo, el viejo ranchero insistió en llevarlo a la hacienda y mostrarle los frutos de aquel regalo tan pequeño que dio tan buen resultado. Allí en la hacienda todos le hicieron mil mimos[5] y cuidados. Cada día encontraron un pretexto más para que el forastero se quedara. Como su negocio estaba bien establecido, no necesitaba mucho de su presencia; así que, era difícil para el forastero dejar la hacienda y aquella gente tan amable. El ranchero lo invitó a quedarse, a ayudarles a mantener la hacienda. Pero, al final, fueron los ojos negros de la hija que no lo dejaron irse. Lo enamoraron de tal forma que se quedó para siempre con ella, entre sus campos de alfalfa . . .

Así es cómo la primera planta de alfalfa creció en la pampa argentina.

EJERCICIOS

**A. Termine las frases con las palabras más apropiadas.**
  1. La Argentina atrajo a los inmigrantes porque:
      (a) el terreno fértil costaba poco dinero.
      (b) el terreno fértil costaba mucho dinero.
      (c) el terreno pobre costaba poco dinero.

---

[1]**ganado** animales  [2]**alimentado** dado de comer  [3]**la venta** vender
[4]**provechoso** bueno  [5]**mimos** atenciones

2. En la leyenda, el forastero llegó a la hacienda:
   (a) rico y fuerte.
   (b) enfermo y gordo.
   (c) enfermo y flaco.

3. El dueño de la hacienda:
   (a) le dio comida.
   (b) le dijo «¡Fuera de aquí!».
   (c) no estaba en casa.

4. Gracias a la generosidad del criollo, el forastero:
   (a) le dio dinero.
   (b) no le dio nada.
   (c) le dio una semilla.

5. La hija del criollo:
   (a) se olvidó de la semilla.
   (b) sembró la semilla.
   (c) comió la semilla.

6. La semilla:
   (a) creció.
   (b) no creció.
   (c) se perdió.

7. ¿Quién comió la primera planta?
   (a) El forastero.
   (b) El criollo.
   (c) El caballo.

8. Esa primera semilla:
   (a) dio una hermosa cosecha.
   (b) dio una cosecha pobre.
   (c) no dio nada.

9. Cuando el criollo se encontró otra vez con el forastero:
   (a) los dos eran prósperos.
   (b) el forastero seguía pobre.
   (c) sólo el criollo había prosperado.

10. El forastero se quedó para siempre en la hacienda porque:
    (a) quería hacerse rico.
    (b) estaba enamorado de la hija.
    (c) el criollo lo trataba mal.

**B. Conteste las siguientes preguntas:**
1. ¿Quién llegó a la hacienda en Mendoza? ¿Cómo estaba?
2. ¿Quién era el dueño de la hacienda? ¿Cómo ayudó al forastero?
3. ¿Qué hizo el forastero antes de marcharse?
4. ¿Cuándo se acordó la hija de la semilla? ¿Qué hizo con ella?
5. ¿Qué pasó cuando llegó el hermano a la hacienda?
6. ¿Qué hizo la familia con las plantas nuevas?
7. ¿Qué querían los vecinos?
8. ¿Qué pasó con la venta de las semillas?
9. ¿Qué pasó cuando el criollo se cruzó con el forastero de nuevo?
10. ¿Por qué se quedó el forastero en la hacienda?

**C. Busque el antónimo.**

| | | | |
|---|---|---|---|
| 1. feo | | a. débil |
| 2. fuerte | | b. flor |
| 3. gordo | | c. guapo |
| 4. guardó | | d. flaco |
| 5. mala hierba | | e. sacó |
| 6. se acordó | | f. pobre |
| 7. arrancó | | g. quedarse |
| 8. rico | | h. se olvidó |
| 9. irse | | i. grande |
| 10. pequeño | | j. sembró |

**D. ¿Cómo se puede ayudar a crecer una semilla? Escriba las indicaciones en el orden correcto.**
Proteger la planta de los animales.
Recortar la planta madura.
Elegir tierra fértil y buena.
Regar.
Sembrar la semilla.

**E. ¿Qué palabras en la leyenda tienen que ver con la agricultura? Busque por lo menos diez palabras o frases. Empiece con éstas:**
semilla
planta
regar

# Pedro de Candía

*Entre los jóvenes aventureros que vinieron al Nuevo Mundo se encontraba Pedro de Candía, el héroe de esta leyenda. Se dice que nació en la isla de Candía (Creta es el nombre moderno). Su padre era capitán de un barco y muchas veces Pedro, el hijo mayor, lo acompañaba en sus viajes a Italia, Francia y España. A la edad de dieciséis años, Pedro salió de Sevilla, España, ansioso de buscar fortuna en las Indias.[1] Allí se hizo soldado y se unió a varias expediciones, incluso las de Pizarro.*

*En 1528, cuando Pedro hizo un viaje a España, el rey Carlos I le hizo regalos costosos y le dio un título de nobleza en recuerdo de la hazaña[2] contada en esta leyenda.*

E n el siglo dieciséis, miles de aventureros españoles embarcaron para el Nuevo Mundo[3] en busca de riquezas, fama y gloria. Entre ellos se encontraban dos hombres pobres de origen oscuro,[4] los cuales más tarde llegaron a ser exploradores famosos: Vasco Núñez de Balboa y Francisco Pizarro.

Fue Balboa el primero en obtener un gran éxito al descubrir el Mar del Sur[5] en 1513. En ese viaje peligroso a través del istmo de Panamá, Balboa fue acompañado de Pizarro, guías indios y una expedición de soldados. Entre éstos estaba

---

[1] **Indias** América    [2] **hazaña** acción    [3] **Nuevo Mundo** las Américas
[4] **oscuro** desconocido    [5] **Mar del Sur** Océano Pacífico

Pedro de Candía, un joven valiente, sabio y generoso que le servía de criado a Pizarro.

Animado por el éxito de Balboa, Pizarro decidió dirigir una expedición al sur con la ayuda del explorador Diego de Almagro. Tenía por objeto la conquista del rico y poderoso imperio incaico[1] en el Perú.

Pasó mucho tiempo y al fin todo estaba preparado para el largo viaje. En la bahía dos naves[2] pequeñas esperaban la orden de Pizarro para hacerse a la vela.[3]

—En el nombre de Dios, ¡adelante! —gritó Pizarro; e inmediatamente su nave se dirigió hacia el mar abierto, seguida de la nave al mando de Almagro. A bordo, los soldados entusiasmados gritaron y agitaron la mano a sus compañeros en la otra nave y a la gente en la playa. Pedro, al lado de Pizarro en el puente,[4] estaba en la gloria.[5] ¡Qué aventuras extrañas iba a tener! ¡Qué historias increíbles podría contar al regresar a casa!

A los pocos días, los viajeros empezaron a sufrir serias dificultades debido al mal tiempo. La lluvia caía a torrentes, sin cesar. Muchos soldados se mareaban.[6] De pronto, una tempestad terrible llevó las dos naves frágiles a la isla de Gorgona cerca de la costa de Colombia.

—¡Qué mala suerte nos ha tocado! —se lamentaron todos los soldados menos Pedro. —Vamos a regresar en seguida a Panamá.

—Paciencia, más paciencia —exclamó Pizarro. —Se dice que hay oro en abundancia en la capital de los incas. ¿No desean ustedes riquezas y un título de nobleza?

—Yo no —fue la respuesta de los soldados fatigados.

Entonces habló el jefe Almagro:

—Mañana, haga buen o mal tiempo, me embarcaré en mi

---

[1] **incaico** relativo a los incas    [2] **nave** barco    [3] **hacerse a la vela** empezar a navegar
[4] **puente** plataforma del capitán    [5] **estar en la gloria** estar contentísimo
[6] **marearse** ponerse enfermo del movimiento

nave para Panamá. Los soldados descontentos pueden regresar conmigo, si así lo desean.

La fatiga de Pizarro era extrema. Su traje, poco apropiado para el viaje, estaba sucio; la capa de seda hecha pedazos, los pantalones rotos. Sin embargo, miró en torno suyo[1] con la dignidad de un rey español y, sacando su espada del cinto, dibujó en la arena una línea del este al oeste.

—Hombres, —dijo Pizarro, mirando otra vez a los soldados, —al norte de esta línea se encuentra Panamá y la pobreza. Al sur se halla el imperio de los incas y la riqueza. Ahora ustedes pueden escoger: el norte o el sur.

Diciendo esto, Pizarro cruzó la línea hacia el sur. Lo siguió Pedro de Candía seguido por doce soldados. (En los libros de historia, Pedro y sus compañeros se llaman los «trece caballeros de la fama».) Los otros soldados no dieron un paso.

A la mañana siguiente, llovía a cántaros.[2] Sin embargo, la nave más grande, llena de soldados al mando de Almagro, salió para Panamá, dejando a Pizarro y a los trece en la isla. Día tras día, el jefe y sus trece compañeros, que ya pasaban sed y hambre, trataban de navegar varias veces hacia la costa, pero las tempestades no se lo permitían.

Al fin llegó una bonita mañana de sol y Pizarro anunció:

—Vengan, caballeros, vamos a abandonar la isla en seguida.

Todos obedecieron alegremente, pero apenas habían llegado a la costa cuando otra situación trágica se presentó. Los indios feroces y bien armados los esperaban en la playa, listos para luchar.[3]

—¿Qué haremos? —preguntó Pizarro con desesperación. Si desembarcamos, moriremos en la lucha contra los indios; si regresamos a la isla, moriremos de sed y hambre.

Hubo silencio total de parte de los soldados. Sólo se oía el sonido de las olas y los gritos de los indios.

---

[1] **en torno suyo** a su alrededor    [2] **a cántaros** muchísimo    [3] **luchar** batallar

En este momento crítico, habló con mucha calma Pedro de Candía:

—Trataré de vencer a los indios con un engaño. Si pierdo la vida, por favor, recen[1] por mi alma.

—Sí, amigo valiente —dijeron todos.

Pizarro miró con cariño a Pedro. Era el más joven y el más inteligente de los trece.

—Dios te bendiga por tu acción generosa. Nos estás dando una lección de valor —dijo Pizarro, abrazando al soldado.

Poco después, vestido con su armadura y llevando su espada al cinto, bajó Pedro de la nave y, caminando a lo largo de la playa, se dirigió hacia los indios. Llevaba en la mano derecha una cruz de madera y en la izquierda el escudo de metal brillante. Su espesa[2] barba negra y su gran estatura le daban un aspecto majestuoso.

Los indios corrieron asustados a su aldea,[3] dando gritos de terror. Pedro, creyéndose dueño de la situación, se dirigió hacia la aldea con su paso lento y majestuoso. Se detuvo cerca de cuatro viejos, probablemente el cacique[4] y sus sabios. Usando señas, el cacique le preguntó si era divino o humano. Como Pedro no contestó, el cacique impaciente decidió hacer una prueba. Llamó a un grupo de indios que estaban escondidos en el bosque cercano, y éstos, comprendiendo el deseo del viejo, soltaron[5] cinco leopardos grandes y feroces. En seguida, las terribles fieras corrieron hacia el español.

Al verlos acercarse rugiendo,[6] Pedro casi se murió de terror. Pero en ese momento, un rayo de sol, reflejándose en la armadura y el escudo, brilló con tal intensidad que hirió los ojos de los leopardos. Casi ciegos, los animales se detuvieron

[1]**rezar** orar    [2]**espesa** abundante    [3]**aldea** pueblo    [4]**cacique** jefe
[5]**soltar** dejar escapar    [6]**rugir** hacer un ruido fuerte

asustados. Al mismo tiempo, la cruz de madera brilló como si fuera de un metal precioso.

Momentos después, los leopardos se echaron mansamente a los pies de Pedro. Ahora, creyendo que el extranjero era divino, probablemente un mensajero del sol, los indios se arrodillaron[1] humildemente alrededor del español en actitud de adoración.

Así fue como Pedro de Candía, según cuenta la leyenda, salvó la vida a Francisco Pizarro y a sus compañeros.

### EJERCICIOS

**A. Termine las frases con las palabras apropiadas.**
1. Pedro de Candía nació en:
   (a) Italia.
   (b) España.
   (c) Creta.

2. Los aventureros españoles fueron al Nuevo Mundo en busca de:
   (a) riqueza, fama y gloria.
   (b) los indios.
   (c) una esposa.

3. A bordo de la nave, los soldados entusiasmados:
   (a) comenzaron a rezar.
   (b) gritaron y agitaron la mano.
   (c) vieron la costa de México.

4. Debido al mal tiempo, los viajeros:
   (a) se marearon.
   (b) se durmieron.
   (c) se perdieron.

---

[1] **se arrodillaron** se pusieron de rodillas

5. El traje de Pizarro:
   (a) era muy elegante.
   (b) estaba hecho pedazos.
   (c) estaba en buenas condiciones.

6. Los indios esperaban a los soldados en la costa:
   (a) para darles ayuda.
   (b) para darles la bienvenida.
   (c) listos para luchar.

7. Pedro de Candía quiso:
   (a) engañar a los indios.
   (b) hacer un pacto con los indios.
   (c) matar a todos.

8. Le daban un aspecto majestuoso a Pedro:
   (a) sus pantalones negros.
   (b) las palmas de su sombrero.
   (c) su barba negra y gran estatura.

9. Los indios soltaron:
   (a) un tigre feroz.
   (b) veinte palomas.
   (c) cinco leopardos.

10. Los indios creyeron que Pedro era:
    (a) un ser sobrenatural.
    (b) su cacique.
    (c) el capitán de la nave.

**B. Describa lo siguiente con las palabras dadas, formando frases completas.**

1. Pedro de Candía: joven / valiente / servía / criado / Pizarro.
2. El mal tiempo: lluvia / torrentes / tempestad / terrible / llevó las naves / isla.
3. El traje de Pizarro: poco apropiado / sucio / capa / pedazos / seda.
4. Los indios: feroces / armados / listos / lucha.
5. Pedro con los indios: se detuvo / cuatro viejos / señas / divino / humano.

**C. Conteste las siguientes preguntas:**
  1. ¿Qué explorador acompañó a Pizarro?
  2. ¿Quién descubrió el Mar del Sur?
  3. ¿Cuál fue el objeto de la expedición a Sudamérica?
  4. ¿Cuántas naves esperaban en la bahía?
  5. ¿Quién decidió regresar a Panamá?
  6. ¿Cuántos siguieron a Pizarro?
  7. Al llegar a la costa, ¿qué situación trágica se presentó?
  8. ¿Qué es lo que Pedro les pidió a los soldados?
  9. ¿Qué llevaba Pedro en su mano derecha?
  10. ¿Por qué los leopardos se echaron a los pies de Pedro?


**D. ¿Cuál es la palabra que no tiene relación con las otras?**
  1. sapo, escucha, ave, serpiente
  2. engaño, caminantes, camino, viajeros
  3. Perú, Pizarro, Almagro, Carlos V
  4. noche, luna, estrellas, sol
  5. mar, nave, playa, arena
  6. Panamá, Creta, Italia, Bolivia

**9**

# Las aventuras de Juan Bobo

*Un bobo[1] es una persona ignorante y torpe[2] que no aprende de las experiencias. Se dice que las narraciones de bobos se originaron en la India. De allí fueron llevadas a otras tierras. Así se explica por qué los problemas de los bobos de Asia, Europa, África y las Américas son más o menos iguales.*

*En casi todos los países hay narraciones de pueblos enteros cuyos habitantes son bobos como los de Gotham en Inglaterra y de Lagos en México. Otras veces, un individuo es el más bobo de los bobos. En la América de habla española, Juan Bobo es el héroe de muchas leyendas. Generalmente este joven, después de cometer una serie de errores divertidos,[3] tiene buena suerte sin hacer nada para merecerla.*

É rase una vez,[4] hace muchos años, un muchacho tan perezoso que parecía estúpido. Tenía la mejor voluntad[5] del mundo para portarse bien, pero no hacía ni decía más que tonterías. Por eso todo el mundo, menos su madre inteligente y trabajadora, lo llamaba Juan Bobo.

Cierto día la madre le dijo:

—Vete al mercado del pueblo y vende esta gallina gorda. Con el dinero que recibas, compra una bolsa[6] de arroz.

—Sí, mamá —dijo Juan.

---

[1] **bobo** tonto    [2] **torpe** estúpido    [3] **divertidos** cómicos
[4] **érase una vez** había una vez; la forma tradicional de empezar una leyenda o un cuento de hadas    [5] **voluntad** intención    [6] **bolsa** saco

—Y sé cortés y obediente con toda la gente que encuentres por el camino.

—Sí, mamá.

Diciendo esto, Juan tomó la gallina y muy alegre salió para el mercado. Pronto se encontró con mucha gente que venía, la mitad en una carreta[1] y la otra mitad a caballo. Venían de una boda. Andando por la carretera, iban el novio, la novia y los familiares,[2] mientras los amigos los acompañaban montados.

—Tengan ustedes mi más sentido[3] pésame[4] —dijo Juan.

En una ocasión había ido con su madre a un funeral, y como ésta había saludado a la familia de ese modo, Juan creyó que había que saludar así siempre que hubiera mucha gente reunida.

Naturalmente los recién casados, así como los amigos, se enojaron muchísimo y el esposo le dijo a Juan:

—Cuando te encuentres otra vez con mucha gente, debes saludarlos diciendo: «¡Viva, viva!»

—Muchas gracias, así lo haré —respondió Juan, triste por haber confundido los saludos.

Siguió caminando el muchacho, y pronto se encontró con un carnicero y sus tres hijos. Volvían del mercado llevando algunos cerdos que habían comprado. Recordando las palabras del novio, Juan saludó así:

—¡Viva, viva! —mientras agitaba su sombrero como el novio le había enseñado.

Los cerdos, asustados al ver a aquel muchacho que agitaba su sombrero y gritaba, corrieron en otras tantas direcciones por el campo.

El carnicero se enojó y le gritó:

—¡Estúpido! La próxima vez que veas algo semejante, será mejor que saludes: «Dios les dé dos por cada uno».

---

[1] **carreta** carro rústico de dos ruedas  [2] **familiares** miembros de la familia
[3] **sentido** sincero  [4] **pésame** expresión de lástima

—Muchas gracias, así lo haré —respondió Juan y siguió caminando.

Cerca del mercado observó a un campesino que quemaba un montón de malas hierbas que había arrancado[1] de sus tierras.

Acordándose de lo que le había enseñado el carnicero, Juan saludó así:

—¡Dios le dé dos por cada uno!

—¿Qué tienes, hijo? No debes decir esto.

—¿Qué debo decir, señor? —preguntó Juan, muy confundido.

—Otra vez que veas algo así, mejor será que ayudes en lugar de decir tonterías.

—Muchas gracias, así lo haré —respondió Juan y siguió caminando, afligido,[2] pensando que él había nacido para equivocarse.[3]

Pronto vio a dos hombres grandes y fuertes que se peleaban en medio del camino. Se acordó entonces de lo que le había aconsejado el campesino y corrió gritando:

—Esperen, señores, yo los ayudaré.

Al ver al muchacho, los hombres dejaron de pelear y empezaron a reírse.

—No debes decir esto —dijo el primer hombre.

—Pues, ¿qué debo decir?

—Debes decir: «No se peleen, por favor, señores».

—Sí, eso es lo que debes decir, joven —añadió el segundo hombre.

—Gracias por sus consejos, señores. Los recordaré.

Y diciendo esto, Juan continuó su camino mientras repetía: —No se peleen, por favor . . .

Al llegar al mercado vendió la gallina y compró una bolsa de arroz, según las instrucciones de su madre. Entonces, ya

---

[1]**arrancar** sacar de raíz     [2]**afligido** apenado     [3]**equivocarse** entender mal

muy feliz, caminó por el mercado. Observó a los alfareros[1] haciendo y decorando hermosos jarros, grandes y pequeños. Muy contento y boquiabierto,[2] contempló a los sopladores de vidrio, y se lamentó por no tener dinero para comprar un florero para su mamá.

Por fin, salió Juan del mercado y se puso en camino para su casa. Pero, pronto se sintió cansado y subió a un árbol frondoso[3] para dormir la siesta. Se acomodó en una rama ancha, y en un abrir y cerrar de ojos le vino el sueño.

Mientras el joven dormía, el cielo oscuro anunciaba un aguacero,[4] y al poco tiempo comenzaron a caer gotas gruesas. El ruido de la lluvia y el rumor de voces que se aproximaban despertaron al joven. Abrió los ojos y vio a varios ladrones que se refugiaban debajo del árbol.

—Aquí estaremos seguros de la lluvia. Nadie nos verá mientras contamos el dinero que hemos conseguido.

Así habló el jefe de la banda mientras depositaba en el suelo un enorme montón de monedas de oro.

—¡No seas estúpido, Paco! —gritó uno de los ladrones. —No debemos contar el botín hasta la noche.

—¡Silencio! —respondió el jefe golpeando con su mano fuerte al hombre que había hablado.

Alarmado, gritó Juan desde la rama: —¡No peleen, señores, por favor!

Pero, mientras gritaba, rompió el saco que contenía el arroz para su madre.

—¡Ayuda! ¡Ayuda! —gritaron los bandidos. —¡Está cayendo granizo![5] ¡El dios de la tempestad nos ha descubierto! ¡Corramos!

Y los bandidos corrieron a toda prisa, abandonando su mal adquirido tesoro.

---

[1]**alfarero** artesano que hace objetos de barro    [2]**boquiabierto** sin habla
[3]**frondoso** abundante en hojas    [4]**aguacero** lluvia repentina y fuerte
[5]**granizo** lluvia congelada que cae en granos

Juan bajó entonces del árbol, y no tardó en recoger el riquísimo botín[1] que puso en su sarape. Luego, silbando una canción muy alegre, corrió en dirección de su casa.

—Aquí estoy, mamá, y le traigo un regalo.

Y abriendo su sarape, le enseñó las monedas de oro.

—¡Ay, mi querido Juanito, somos ricos! Pero explícame lo que pasó.

—No hay nada que explicar, mamá. Es fácil hacerse rico si una persona es cortés y obediente con toda la gente.

Así habló Juan Bobo, el rico.

EJERCICIOS

**A. Termine las frases con las palabras apropiadas.**
1. Un bobo es una persona:
   (a) arrogante.
   (b) tonta.
   (c) inteligente.

2. Juan iba al mercado para:
   (a) vender una gallina.
   (b) ver a la gente.
   (c) escaparse de su madre.

3. La gente de la boda venía:
   (a) corriendo.
   (b) saltando.
   (c) en carreta y a caballo.

4. El carnicero volvía del mercado con:
   (a) algunos cerdos.
   (b) carne.
   (c) mucho dinero.

[1] **botín** despojo

5. El campesino:
   (a) corría hacia Juan.
   (b) quemaba las malas hierbas.
   (c) comenzó a pelear.

6. En el mercado Juan compró:
   (a) yerba mate.
   (b) malas hierbas.
   (c) una bolsa de arroz.

7. Juan durmió la siesta:
   (a) en un árbol.
   (b) en su cama.
   (c) al lado del camino.

8. Debajo del árbol Juan vio:
   (a) a varios hombres.
   (b) una gallina gorda.
   (c) a su madre.

9. Los ladrones tenían:
   (a) un arcón lleno de arroz.
   (b) un saco de piedras.
   (c) un enorme montón de monedas de oro.

10. Según Juan es fácil hacerse rico si uno:
    (a) encuentra a unos ladrones.
    (b) es cortés y obediente.
    (c) tiene buena madre.

**B. Describa lo siguiente con las palabras dadas, formando frases completas.**
1. Juan Bobo: muchacho / perezoso / tonto / hacía / tonterías.
2. Los recién casados: mitad / carreta / a caballo / novia / familiares.
3. El carnicero: tres hijos / cerdos / comprado / se enojó.
4. El campesino: quemaba / montón / malas hierbas / arrancado / tierra.
5. En el mercado Juan Bobo: vendió / gallina / compró / arroz / observó / alfareros / jarros / sopladores / vidrio / dinero / comprar / florero / mamá.

**C. Conteste las siguientes preguntas:**
1. ¿Qué iba a vender Juan Bobo en el mercado?
2. ¿Qué iba a comprar?
3. ¿A quiénes encontró primero en el camino?
4. ¿Cómo reaccionaron los novios a lo que Juan Bobo les dijo?
5. Cuando Juan gritó, ¿qué hicieron los cerdos?
6. ¿Por qué se rieron los dos hombres que peleaban?
7. ¿A quiénes observó Juan en el mercado?
8. ¿Quiénes se refugiaban debajo del árbol?
9. ¿Caía granizo?
10. ¿Qué regalo le trajo Juan a su madre?

**D. Diga lo contrario de:**

| | | |
|---|---|---|
| 1. breve | 6. olvidaron | 11. sin |
| 2. belicoso | 7. saqué | 12. divino |
| 3. moderno | 8. perdí | 13. cruel |
| 4. lejano | 9. paz | 14. delgado |
| 5. generoso | 10. orgulloso | 15. puesta del sol |

**E. ¿Es usted un buen detective? Yo creo que sí.** Dentro de la palabra *calendarios* se esconden más de sesenta palabras, por ejemplo: ala, alas, nadar. Ahora, escriba en papel *calendarios* y comience la búsqueda.

# El cojo¹ de Olancho

*Fueron los misioneros y los exploradores de España quienes trajeron la religión católica al Nuevo Mundo. Aunque los exploradores querían ganar tierras para su rey y tesoros para sí mismos, nunca olvidaron su misión de ganar almas para la fe cristiana. Así, durante la época colonial, cuando la iglesia llegó a ser el centro de la vida religiosa y social, había un sinnúmero de sucesos milagrosos como los que ocurrieron en esta leyenda.*

*La moraleja² de este relato se halla en el carácter de dos hombres: un humilde campesino y un rico avaro.³ La conclusión contiene una sorpresa tanto para el lector⁴ como para los personajes de la leyenda.*

Hace ya más de dos siglos vivía en Olancho un cojo muy avaro llamado Juan. Como no tenía más ocupación que acumular riquezas, hacía pocas amistades entre los vecinos. En realidad, sólo tenía un amigo leal, Isidro. Éste era un pobre campesino que vivía feliz con su pobreza y que jamás buscó ningún provecho⁵ en casa de Juan. Todos los días visitaba al avaro en su casa grande y hermosa para animarlo en la soledad y el abandono en que se encontraba y ayudarlo con sus negocios. Siendo noble de corazón, Isidro no hacía caso⁶ del egoísmo del avaro que nunca le daba las gracias.

---

¹**cojo** que no puede usar la pierna o el pie    ²**moraleja** lección moral
³**avaro** obsesionado por el dinero    ⁴**lector** persona que lee    ⁵**provecho** beneficio
⁶**hacer caso** prestar atención

Un día en que su esposa estuvo muy enferma, Isidro fue corriendo a la casa de Juan. Por primera vez iba a pedirle ayuda. Pálido y distraído llegó a la puerta de la casa. Adentro vio a Juan contando su dinero.

—Oh, amigo mío —lloró el campesino, —sufro una desgracia y . . .

—No me hables de desgracias[1] —interrumpió Juan. —Nadie es tan desgraciado como yo, que estoy cojo.

—Pero yo también soy desgraciado. Mi querida esposa está muy enferma. Hazme el favor de prestarme bastante dinero para comprarle medicina y buenos alimentos. En dos meses recibiré el dinero de mis cosechas[2] y entonces te pagaré la deuda[3] con interés.

—¡Imposible! —gritó el avaro asustado. —No comprendes que necesito todo mi dinero, cada céntimo. Pide ayuda a Blas o a otros amigos tuyos.

—Ellos son tan pobres como yo —replicó Isidro tristemente.

—Entonces pide ayuda a Nuestro Señor.

—Le he pedido ayuda, Juan, pero parece que no me oye. Es posible que me falte bastante fe.[4]

—El problema es tuyo. No me molestes más, por favor. Estoy ocupado.

Al oír estas palabras, el campesino, lleno de tristeza, salió y se dirigió a su casa. —¿Quién tendrá piedad de mí? ¿Dónde buscaré ayuda?— Y estando en estos pensamientos, se sentó al lado del camino sobre una gran piedra y comenzó a rezar.[5]

—Señor, sólo tú me quedas. Ayúdame, por favor.

Por unos momentos estuvo sentado en silencio, pero ninguna solución llegaba a su mente. Y, lleno de desesperación, se levantó de la piedra y decidió regresar a su casa. Pero cuál

---

[1] **desgracia** problema grande    [2] **cosecha** recogida de frutos de la tierra
[3] **deuda** obligación financiera    [4] **fe** creencia    [5] **rezar** orar

no sería su sorpresa al encontrarse en la puerta a su esposa completamente curada.

—Hace unos momentos me encontraba muy mal —casi gritaba la esposa llena de gozo,[1] —pero de repente[2] me sentí mejor que nunca, me levanté y aquí me tienes.

—Vamos a dar las gracias a Nuestro Señor —dijo Isidro, su corazón lleno de gratitud.

Así los dos entraron en la casa y rezaron por mucho tiempo.

Al día siguiente, el pobre campesino, que no guardaba ningún rencor al cojo, se dirigió a la casa de éste. Quería hablarle del milagro.

—¡Encontré a mi esposa en la puerta de nuestra casa completamente curada! —repetía el campesino, lleno de alegría. —¡Ha sido un milagro de Nuestro Señor!

—Tienes razón. Es un milagro —contestó el avaro asombrado.[3]

—Ahora lo que tienes que hacer, Juan, es pedir al Señor que te cure la cojera.[4] Pídeselo con fe y Él te escuchará.

—Lo haré.

—Hazlo cuanto antes,[5] Juan.

—Sí, sí, hoy mismo. ¿Qué te parece que en vez de quedarme en casa rezando, vaya a la iglesia y le haga al Señor la ofrenda de esta cadena de oro?

—Me parece muy bien.

—Pues lo haré. Ahora mismo me pondré en camino. Pero, fíjate en esta cadena. Es de oro puro y vale muchísimo. Me pongo triste al desprendérmela.

—Más vale tener la pierna curada.

—Tienes razón, Isidro.

---

[1]**gozo** alegría    [2]**de repente** de súbito    [3]**asombrado** muy sorprendido
[4]**cojera** el estar cojo    [5]**cuanto antes** lo más pronto posible

Y cuando se marchó el campesino, Juan, el cojo, se preparó para ir a la iglesia en el pueblo, y poco después se puso en camino.

*     *     *

La próxima mañana, toda la gente del pueblo no hablaba de otra cosa. Juan, el cojo, a pesar de ser avaro, fue curado de su cojera, gracias a un milagro de Nuestro Señor.

Frente a la iglesia se reunió un grupo de gente, incluyendo a Isidro, que discutía el milagro. De repente, llegó un coche elegante tirado por dos hermosos caballos árabes. Se paró en la esquina y bajó Juan, caminando sin muletas.

Todos se apresuraron a su lado para hacerle preguntas. Juan, muy alegre, explicó la manera en que se realizó[1] el milagro.

—Me puse a[2] rezar a los pies de la imagen de Nuestro Señor, pidiéndole con toda mi alma que me curara de la cojera. Le prometí darle en ofrenda una cadena de oro. Poco a poco la pierna se ponía más fuerte. Al fin de una hora, más o menos, me puse[3] en pie. Poniendo la cadena a los pies de Nuestro Señor yo salí sin muletas, corriendo de la iglesia, ante el asombro[4] de la gente en la calle.

—Ayer mi esposa y yo también rezamos por ti con toda el alma —dijo Isidro.

—Sí, por supuesto —respondió el avaro en tono muy orgulloso. —No les costó nada rezar, pero el milagro me ha costado una buena cadena de oro.

Apenas terminó de pronunciar sus últimas palabras, cuando Juan, tan pálido como un muerto, se cayó al suelo, gritando:

—¡Ay! ¡Me duele la pierna! ¡Ay, ay! ¡Otra vez soy cojo!

---

[1] **realizarse** tener lugar     [2] **ponerse a** comenzar     [3] **ponerse** asumir la posición
[4] **asombro** gran admiración

Y en este momento una cadena de oro (que nadie supo por dónde vino) cayó pesadamente junto a los pies de Juan el cojo.

EJERCICIOS

**A. Termine las frases con las palabras apropiadas.**
1. La iglesia:
    (a) era el centro de la vida religiosa y social.
    (b) no había llegado todavía a América.
    (c) no existía.

2. El cojo, Juan, era:
    (a) un pobre campesino.
    (b) un funcionario del gobierno.
    (c) un avaro rico.

3. Isidro:
    (a) nunca visitó a Juan.
    (b) no hacía caso del egoísmo de Juan.
    (c) no quería a Juan.

4. Juan no quiso:
    (a) contar su dinero.
    (b) esperar las cosechas.
    (c) prestarle dinero a Isidro.

5. Cuando Isidro rezó, dijo:
    (a) Ayúdame, por favor.
    (b) Dame medicina.
    (c) Dame dinero.

6. Después del milagro, la esposa de Isidro:
    (a) se sintió mejor y se levantó.
    (b) gritó y brincó.
    (c) comenzó a correr.

7. En vez de rezar en la casa, Juan se dirigió:
   (a) a la calle principal.
   (b) al zócalo.
   (c) a la iglesia.

8. Todo el pueblo hablaba de Juan porque:
   (a) fue curado de su cojera.
   (b) perdió todo su dinero.
   (c) tenía caballos bonitos.

9. Juan prometió darle a Nuestro Señor:
   (a) mucho dinero.
   (b) sus gracias.
   (c) una cadena de oro.

10. La cadena de oro cayó de:
    (a) dónde nadie supo.
    (b) la imagen de Nuestro Señor.
    (c) la mano de Juan.

**B. Describa lo siguiente con las palabras dadas, formando frases completas.**
1. Juan: pocas amistades / avaro / casa grande / negocios / cojo.
2. Isidro: pobre / noble de corazón / visitaba / animar a Juan.
3. La querida esposa: enferma / prestar dinero / comprarle medicina.
4. El milagro de la esposa: puerta / curada / me sentí mejor / me levanté / gracias a Nuestro Señor.
5. Un coche elegante: tirado / caballos / se paró / esquina.

**C. Conteste las siguientes preguntas:**
 1. ¿En qué pasaba su tiempo Juan?
 2. ¿Qué buscaba Isidro en la casa de Juan?
 3. ¿Por qué no hizo caso Isidro del egoísmo de Juan?
 4. ¿Por qué era desgraciado Juan?
 5. ¿Quién se enfermó?
 6. ¿Quién tuvo piedad de Isidro?
 7. ¿Qué hicieron Isidro y su esposa después del milagro?
 8. ¿Qué hizo luego el avaro?
 9. ¿Qué le ofreció a Nuestro Señor?
 10. ¿Lo aceptó Nuestro Señor?

**D. Vamos a ver si usted recuerda el significado de estas palabras:**
 1. deuda
 2. riqueza
 3. fe
 4. gozo
 5. se dirigió
 6. relato
 7. desgracia
 8. siglo
 9. sitio
 10. finalmente
 11. convertido
 12. planes
 13. sacerdote
 14. generoso
 15. avaro

Una leyenda de Venezuela

# El barco vacío

*El tema de un convenio entre el diablo y una persona ha sido siempre un tema favorito en la literatura europea. En esta clase de relatos casi por regla general el diablo exige el alma de su víctima a cambio de sus favores.*

*Esta leyenda difiere un poco de las demás, ya que el protagonista, agobiado[1] por sus deudas, hace un pacto con el diablo, el cual consiste en causar la desgracia de un desconocido, a cambio de recuperar su riqueza.*

H ace mucho tiempo vivía en la Argentina una familia importante cuya riqueza de bienes materiales era inmensa, pero desgraciadamente le faltaban bienes espirituales.

Rodeados de lujo y comodidades y embozados[2] en su egoísmo, ningún miembro de esta familia pensó en los desventurados ni en los pobres que apenas tenían un bocado[3] que comer.

Pero un día Alejandro, joven elegante que era en aquella época el jefe de la familia, se dio cuenta de algo increíble: la familia estaba al borde de la bancarrota[4] como consecuencia de la mala administración de bienes y de gastos excesivos.

Era Alejandro un mancebo[5] vivaracho[6] e irresponsable que hasta el presente sólo se había preocupado de divertirse.

---

[1] **agobiado** deprimido   [2] **embozar** cubrir el rostro   [3] **bocado** un poco de comer
[4] **bancarrota** pobreza completa   [5] **mancebo** hombre joven   [6] **vivaracho** vivo

Por primera vez en su vida se había visto frente a un problema serio y estaba determinado, a toda costa, a rescatar[1] a su familia del inminente desastre.

Día y noche el joven se encerraba para trabajar en el escritorio de la biblioteca, a pesar de estar agobiado[2] por las demandas de los acreedores y las quejas de su familia.

Una noche Alejandro, lanzando una mirada de desesperación hacia el montón de deudas, exclamó amargamente:

—¡Es una tarea imposible! ¡Ojalá que tuviera a alguien para ayudarme!

Apenas había pronunciado estas palabras cuando se abrió lentamente la puerta y entró un elegante caballero impecablemente vestido de negro.

—¿Quién es usted y qué quiere? —demandó el joven asombrado, levantándose de su escritorio.

—Soy un amigo desconocido y vengo de muy lejos para ayudarte —respondió el extraño con voz clara y firme. —Aunque tu problema parezca sin esperanza, te traigo una solución segura e inmediata.

—¿Y cuál es esa solución?

—Es muy sencilla, joven. Clava un alfiler en cualquier punto del mapa mundial[3] que cuelga de la pared e inmediatamente, como por arte de magia, volverás a poseer tu riqueza.

Horrorizado, Alejandro comprendió que el extraño era un ser sobrenatural que poseía poderes ocultos. Si no, ¿cómo era posible que con sólo clavar un alfiler en un mapa se realizara el milagro?

—No tengas miedo —continuó el extraño, observando al aterrorizado[4] joven. —Al clavar el alfiler, un hombre que viva en el sitio que escojas morirá de inmediato. Yo necesito su alma. Tú, en cambio, recibirás la fortuna que has perdido.

—Oh, no, no puedo matar a nadie —exclamó Alejandro.

—Es un ser —dijo persuasivo el intruso— a quien jamás

---

[1] **rescatar** salvar    [2] **agobiado** agotado    [3] **mundial** del mundo    [4] **aterrorizar** espantar

has visto ni verás en tu vida. Así tus manos no quedarán manchadas[1] de sangre. Es la única oportunidad de recobrar tu fortuna, porque yo jamás toco a una puerta dos veces. Decídete y me iré. Al cerrar la puerta tras de mí, tu vida cambiará.

Alejandro, movido por las palabras convincentes, accedió al fin y tomando el alfiler que le dio el extraño, se dirigió al mapa. Después de mirarlo por un momento, apresuradamente clavó el alfiler en un puntito de la América del Sur. Y el puntito representaba la isla de Margarita en Venezuela.

Con una expresión de gozo se retiró el extraño, dejando a Alejandro preocupado. A los pocos minutos se abrió otra vez la puerta y entró, radiante, la hermana mayor del joven. Le anunció muy emocionada que un príncipe rico le había propuesto matrimonio inmediato y que había prometido pagar las deudas de la familia.

Pasaron los días y las promesas del extranjero se cumplieron, pero Alejandro, en vez de ser feliz, sufría un sentimiento de culpabilidad y tristeza que nunca lo dejaba en paz.

Mientras sucedía todo esto, simultáneamente ocurría una tragedia en la lejana isla de Margarita, la preciosa isla con playas que son todo un poema de bellezas naturales.

La mayoría de los hombres de esta isla son pescadores que viven en humildes y limpias casitas en la playa; gente buena, trabajadora y honrada que vive de la pesca que les proporciona[2] el mar.

En la madrugada, una procesión de barcos sale al mar en busca del sustento[3] diario. Y en tierra, haciendo la señal de la cruz y rezando para que la Virgen los devuelva a todos sanos y salvos, se quedan las madres, hijas y novias de estos pescadores.

Todas las mañanas se repite la misma escena. Y por la tarde, cuando el último barco ha regresado, los pescadores

---

[1] **manchar** ensuciar   [2] **proporcionar** dar   [3] **sustento** comida

con sus familias se arrodillan en la playa y dan gracias a la Virgen por haberlos librado de nuevo de los constantes peligros del mar.

Entre los pescadores, sólo Luis no estaba contento de su vida humilde. Este joven honrado y trabajador deseaba hacerse rico y viajar a tierras lejanas, ambición que perturbaba y aterrorizaba a su buena esposa Rosa. Diariamente le pedía a Dios que algún día su Luis olvidara esas ideas tan poco comunes y que viera la felicidad en la vida sencilla de la isla.

Una tarde, cuando los pescadores regresaban de alta mar,[1] se desencadenó una terrible tempestad. Olas altísimas se levantaban amenazadoras rompiéndose en blanquísima espuma; en el cielo oscuro parpadeaban incesantes los relámpagos. Era de noche (la misma noche en que el extraño visitó a Alejandro) cuando los pescadores, empapados[2] y fatigados, llegaban a sus hogares. Pero faltaba uno. Era Luis.

—No te preocupes, Rosa. Dentro de poco regresará tu Luis —dijeron los amigos que se quedaron en la playa con la angustiada esposa.

Hora tras hora, Rosa y los fieles amigos, sin hacer caso del viento y la lluvia, vigilaron la orilla del mar, rezando, mirando, esperando. Al fin, poco antes de amanecer, en medio de las sombras, se distinguió el barco de Luis. Pero estaba vacío.

Durante varios días, los pescadores buscaron a su compañero estimado, pero en vano. Nunca volverían a ver al valiente que había perdido la vida durante la tempestad. En cambio, la esperanza aún vivía en el alma buena de Rosa que tenía un presentimiento que algún día Luis volvería.

Mientras esto sucedía en la isla, en la Argentina, Alejandro sufría una agonía de espíritu constante, creyéndose el asesino de una persona inocente.

Un día el joven anunció a su familia:

—Mañana parto en el barco «San Martín» para el norte. No sé cuándo volveré.

---

[1] **alta mar** lejos del continente   [2] **empapar** mojar totalmente

Alejandro no explicó el motivo de su viaje ni por qué repartía anónimamente su fortuna entre el asilo para huérfanos de su ciudad y los pobres de la isla de Margarita.

Al llegar a su destino, el joven comenzó a investigar la verdad de lo que sucedió a consecuencia de su pacto con el extraño. Poco trabajo le costó llegar a la conclusión de que «la casa del barco vacío» era la casa de su víctima y que Rosa era la triste viuda.

A los pocos meses, Alejandro, por su carácter amable y cortés, se había ganado la amistad de la gente que lo invitó a vivir con ellos y hacerse pescador, una invitación que fue aceptada con gratitud.

Se hizo muy amigo de la familia de Luis y Rosa, y cada noche lloró por la pena que les había causado. Poco a poco Alejandro cambiaba. Se hizo una persona humilde y generosa, un amigo para todos los pobres, ayudándolos siempre aun en los trabajos más desagradables.

Una noche, la luz de la luna alumbró la figura de un hombre que se acercaba a la «casa del barco vacío», y al llegar, tocó a la puerta. Cuando abrió Rosa, dio un grito de alegría:

—¡Ay, Luis, mi querido Luis! Gracias a Dios y a la Virgen por haberme escuchado.

El regreso de Luis fue motivo de júbilo para todos y Rosa creía morir de alegría, lo mismo que Alejandro.

Al asombro de todos, Luis contó:

—La noche de la tempestad me estaba ahogando cuando me rescató un buque que viajaba a Europa. Durante los siguientes meses sufrí graves enfermedades y pesadillas[1] extrañas. En mis sueños creía que el diablo trataba de llevarme consigo. Pero ahora todo eso ha pasado y mi único deseo es pasar la vida aquí con mi preciosa Rosa y mis leales amigos.

«La casa del barco vacío» dejó de llamarse así desde que

---

[1] **pesadilla** sueño angustiado

regresó Luis, pues su barco se unió con los otros y el dueño trabajó con más entusiasmo que nunca.

Se cuenta que a los pocos años Alejandro se casó con una margariteña y que los padrinos de su primer niño fueron Rosa y Luis.

EJERCICIOS

**A. Termine las frases con las palabras apropiadas.**
1. Alejandro, jefe de la familia:
    (a) decidió casarse.
    (b) se dio cuenta de que estaba en bancarrota.
    (c) decidió volver a la universidad.

2. Alejandro:
    (a) sólo se había preocupado de divertirse.
    (b) no cesó de reírse.
    (c) salió para España.

3. Un elegante caballero:
    (a) llegó en una nube blanca.
    (b) apareció de repente.
    (c) entró por la puerta.

4. La solución es:
    (a) clavar un alfiler en el mapa.
    (b) cambiar de ropa.
    (c) vender todas las posesiones.

5. «Al clavar el alfiler:
    (a) sabrá usted a dónde va.»
    (b) todos sabrán que usted es pobre.»
    (c) un hombre morirá.»

6. «Así tus manos:
    (a) estarán sucias.»
    (b) no quedarán manchadas de sangre.»
    (c) estarán llenas.»

7. Clavó el alfiler en:
    (a) la isla de Margarita.
    (b) Buenos Aires.
    (c) el canal de Panamá.

8. A los pocos minutos:
   (a) la hermana mayor anunció que un rico le había propuesto matrimonio.
   (b) entró el notario indicando que habían heredado una fortuna.
   (c) descubrieron un arcón lleno de dinero.

9. La mayoría de los hombres de la isla eran:
   (a) piratas.
   (b) militares.
   (c) pescadores.

10. Esa tarde:
   (a) se desencadenó una tempestad.
   (b) el sol brilló.
   (c) todos los barcos llegaron bien a la playa.

**B. Describa lo siguiente con las palabras dadas, formando frases completas.**
1. La solución: clava / alfiler / punto / mapa / arte / magia / poseer / riqueza.
2. La hermana mayor: abrió / puerta / anunció / príncipe / rico / propuesto / matrimonio / prometido / deudas.
3. Una tarde: pescadores / regresaban / mar / se desencadenó / tempestad.
4. Hora tras hora: vigilaron / mar / rezando / esperando / se distinguió / barco.
5. A los pocos meses Alejandro: carácter / amable / humilde / amistad / gente / invitó / hacerse / pescador.

**C. Conteste las siguientes preguntas:**
1. ¿Por qué estaba preocupado Alejandro?
2. ¿Quién era el elegante caballero?
3. ¿Cuál era la solución?
4. ¿Dónde clavó el alfiler?
5. ¿Qué hacían la mayoría de los hombres de la isla?
6. ¿Qué pasó cuando los pescadores regresaban de alta mar?
7. ¿Qué barco regresó sin pescador?
8. ¿Cómo se cambió Alejandro?
9. En los sueños de Luis, ¿quién quiso llevarlo consigo?
10. ¿Quiénes fueron los padrinos del primer niño de Alejandro?

# La camisa[1] de Margarita

*Esta leyenda se incluye en* Tradiciones peruanas, *compiladas por el eminente autor Ricardo Palma que nació y murió en Lima (1833–1919).*

*Esta leyenda tiene lugar en Lima, la Ciudad de los Reyes, fundada por Francisco Pizarro el 6 de enero de 1535. Alrededor de una inmensa plaza, la Plaza de Armas, el conquistador mandó construir la catedral, la más antigua de toda Hispanoamérica, y el Palacio Nacional donde vivió Pizarro hasta su muerte en 1541. Por muchos años el Palacio ha servido de residencia a los presidentes peruanos.*

*Santa Rosa es la santa patrona de la ciudad. En honor de su día, el 30 de agosto, los fieles actualmente participan en una procesión. Pero en 1765, época en que se desarrolla esta leyenda, la procesión que pasó alrededor de la Plaza de Armas fue una ocasión de interés para todos los ciudadanos. La leyenda trata del amor, el orgullo, y la decepción benévola.*

En las calles de Lima no es raro oír a las viejas criticar el precio de un artículo con esta expresión:

—¡Cómo! ¡Si esto es más caro que la camisa de Margarita Pareja!

¿Cómo se originó este dicho tan curioso? ¿Quién fue esa Margarita cuya camisa anda en lenguas[2] en el Perú?

---

[1] **camisa** vestido interior; funda    [2] **anda en lenguas** se menciona

Margarita Pareja era la hija mimada[1] y caprichosa de don Raimundo Pareja, colector general del puerto de Callao. La muchacha era una de esas limeñitas[2] que, por su belleza y modestia, había cautivado los corazones de los jóvenes más ricos y nobles de la Ciudad de los Reyes.[3]

Llegó de Madrid en aquel entonces un arrogante mancebo[4] llamado don Luis Alcázar. Tenía éste en Lima un tío solterón, el hidalgo más rico, el más avaro y también el más orgulloso de toda la ciudad.

Mientras le llegaba la ocasión de heredar del tío, vivía nuestro don Luis tan pelado[5] como una rata y pasando la pena negra.[6] Hacía todas sus compras al fiado,[7] prometiendo pagar cuando mejorara de fortuna.

En la procesión de Santa Rosa[8] conoció Alcázar a la linda Margarita y la muchacha le llenó el ojo y le flechó el corazón.[9] Le echó flores,[10] y aunque ella no contestó ni sí ni no, dio a entender con sonrisas y las armas del arsenal femenino que el galán era muy de su gusto. La verdad es que se enamoraron hasta la raíz del pelo.[11]

Como los amantes olvidan que existe la aritmética, creyó don Luis que para llevar a cabo su plan no sería obstáculo su presente pobreza. Por eso, fue al padre de Margarita y sin vacilación,[12] le pidió la mano de su hija.

Como don Raimundo no se interesó en la petición, le despidió pronto, pero con cortesía, al galán, diciendo que Margarita era aún muy niña para tomar esposo, a pesar de sus dieciocho abriles.

Pero la verdad era que don Raimundo no quería ser suegro de un pobretón;[13] y así hubo de decirlo en confianza a sus

---

[1]**mimar** dar demasiada atención    [2]**limeña** originaria de Lima
[3]**Ciudad de los Reyes** Lima    [4]**mancebo** joven    [5]**pelado** pobre
[6]**pasar la pena negra** sufrir miserias    [7]**al fiado** a crédito
[8]**Santa Rosa** (1586–1617) santa patrona de Lima    [9]**le flechó el corazón** lo conquistó
[10]**echar flores** decir cosas bonitas    [11]**hasta la raíz del pelo** locamente
[12]**sin vacilación** sin esperar    [13]**pobretón** alguien muy pobre

amigos. En seguida uno de ellos fue con el chisme a don Honorato, que así se llamaba el tío del joven. Este, que era más altivo[1] que el Cid,[2] gritó de rabia y dijo:

—¡Cómo se entiende! ¡Insultar a mi sobrino! No hay mejor joven en la ciudad de Lima. ¡Qué insolente es este colectorcillo de Callao!

Por su parte, al enterarse de la decisión de su padre, Margarita se puso furiosa. Gritó, se arrancó el pelo y amenazó con envenenarse (aunque le faltaba el veneno) y hablaba de hacerse monja. Perdía colores y carnes y se desmejoraba[3] a vista de ojos.[4]

Se alarmó el padre de la joven y consultó a médicos y a curanderas.[5] Todos declararon que la única medicina salvadora[6] no se vendía en la botica.[7]

O casarla con el joven de su gusto, o encerrarla en el cajón con cruz y flores. Tal fue la conclusión médica.

Don Raimundo (¡al fin y al cabo era su padre!), olvidándose de coger capa y bastón, se encaminó como loco a casa de don Honorato, y le dijo:

—Vengo a pedirle que mañana se case su sobrino con Margarita, porque si no, la muchacha va a morir.

—No puede ser —contestó con enojo el tío. —Mi sobrino es un pobretón, y lo que usted debe buscar para su hija es un hombre con plata.[8]

El diálogo fue tempestuoso. Finalmente, Luis entró en la sala y dijo:

—Somos cristianos, tío, y no debemos matar a una inocente.

—¿Tú te das por satisfecho, Luis?

—De todo corazón, tío y señor.

---

[1]**altivo** orgulloso    [2]**el Cid** Rodrigo Díaz de Vivar (1043–1089) fue héroe de la Reconquista    [3]**desmejorarse** ponerse peor    [4]**a vista de ojos** rápidamente [5]**curandera** persona que hace de médico sin serlo    [6]**salvadora** que salva [7]**botica** farmacia    [8]**plata** dinero

—Pues, bien, muchacho. Consiento en darle gusto, pero con una condición, y es ésta: Don Raimundo tiene que jurar ante la imagen de la santa Virgen que no le regalará ni un ochavo[1] a su hija ni le dejará un real[2] en la herencia.

—Pero, hombre —gritó Raimundo, —mi hija tiene veinte mil duros[3] de dote.

—Renunciamos a la dote. La señorita vendrá a casa de su marido sólo con lo que tiene puesto.

—Permítame regalarle los muebles, don Honorato.

—Ni un alfiler. Si no le gusta, puede dejarlo y que se muera la chica.

—Sea razonable, don Honorato. Mi hija necesita llevar siquiera una camisa para reemplazar[4] la puesta.

—Bien. Para que no me acuse de obstinado consiento en que le regale la camisa de novia y nada más.

Al día siguiente don Raimundo y don Honorato se dirigieron muy de mañana[5] a la iglesia de San Francisco, y arrodillándose a los pies de la estatua de la Virgen, dijo el padre de Margarita:

—Juro no dar a mi hija más que la camisa de novia. ¡Que Dios me condene si no cumplo mi juramento!

Y don Raimundo cumplió su juramento, porque ni en vida ni en muerte dio después a su hija cosa que valiera un ochavo.

Pero los encajes de Flandes[6] que adornaban la camisa de novia costaron mil setecientos duros y el cordón que ajustaba al cuello era una cadena de brillantes que valía una fortuna.

Por supuesto, los recién casados nunca explicaron al tío el valor de la camisa de Margarita.

---

[1] **ochavo** moneda antigua de poco valor    [2] **real** moneda que vale más que un ochavo
[3] **duro** moneda antigua de plata de valor considerable
[4] **reemplazar** suplir una cosa con otra    [5] **muy de mañana** temprano
[6] **Flandes** antigua provincia de Francia

EJERCICIOS

**A. Termine las frases con las palabras apropiadas.**
1. Margarita Pareja:
   (a) había conquistado los corazones de los jóvenes más ricos.
   (b) era fea y gorda.
   (c) no sabía tratar a la gente.

2. El tío de Luis era:
   (a) muy popular entre la gente.
   (b) muy liberal con su dinero.
   (c) avaro y orgulloso.

3. Luis conoció a Margarita:
   (a) en el hotel.
   (b) en la procesión.
   (c) en el barco.

4. Don Raimundo no quería ser suegro de:
   (a) un pobretón.
   (b) un español.
   (c) un joven perezoso.

5. El padre de Margarita se alarmó cuando:
   (a) ella salió de la casa corriendo.
   (b) los médicos indicaron que la medicina no le serviría.
   (c) Luis no quiso casarse con Margarita.

6. La condición que imponía el tío de Luis era:
   (a) que Margarita no podía casarse con Luis.
   (b) que Luis no podría regalarle nada a Margarita.
   (c) que don Raimundo no podría regalarle nada a Margarita.

7. El único regalo que podía aceptar Margarita de su padre era:
   (a) el anillo.
   (b) la camisa.
   (c) la música.

8. Juraron delante:
   (a) del altar mayor.
   (b) del cura.
   (c) de la Virgen.

9. Don Raimundo no le regaló a su hija:
   (a) ni un ochavo.
   (b) brillantes.
   (c) encaje.

10. Los recién casados:
    (a) explicaron a todo el mundo lo que había hecho don Raimundo.
    (b) contaron a todos sus amigos cómo don Raimundo había engañado a don Honorato.
    (c) nunca explicaron al tío el valor de la camisa.

**B. Describa lo siguiente con las palabras dadas, formando frases completas.**

1. Margarita: mimada / caprichosa / limeñita / belleza / modestia / cautivado / corazones / jóvenes.
2. Luis Alcázar: de Madrid / arrogante / tío / solterón / rico / avaro / orgulloso.
3. Se enamoraron: echó flores / sonrisas / armas / arsenal / galán / gusto.
4. Don Raimundo: no quería / suegro / pobretón / decirlo / confianza / chisme.
5. Juraron: delante / imagen / Virgen / no dar / camisa / novia.

**C. Conteste las siguientes preguntas:**

1. ¿Cómo cautivaba Margarita los corazones de los jóvenes?
2. ¿De quién se enamoró ella?
3. ¿Por qué no tenía dinero Luis?
4. ¿Cómo quiso matarse Margarita?
5. ¿Qué declararon los médicos tocante a Margarita?
6. ¿Qué juramento hizo don Raimundo?
7. ¿Qué fue el único regalo que don Raimundo podía darle a Margarita?
8. ¿De dónde venía el encaje?
9. ¿Cuánto valía la cadena de brillantes?
10. ¿A quién no contaron los novios el valor de la camisa?

**D. ¿Sabe usted aritmética? Vamos a ver.**
1. Escriba el número del mes en que usted nació.
2. Luego, multiplíquelo ( × ) por 2.
3. Ahora añada ( + ) 5.
4. Multiplique ( × ) el número por 50.
5. Añada la edad de usted.
6. Resta ( − ) 365.
7. Luego añada 115.

Ahora ha terminado

su tarea.

¿Es correcta la respuesta?

¡Abajo lea!

**E. Proverbios. ¿Cuáles son las letras que faltan?**
1. Quien busca __al__a.
2. Más vale t__r__e que nunca.
3. Quien mucho du__rm__, poco aprende.
4. Preguntando se llega a R__ __a.
5. La v__rda__, aunque severa, es am__g__ verdadera.

E. halla, tarde, duerme, Roma, verdad, amiga

D. La respuesta: el número del mes en que nació y su edad.

# Los árboles de flores blancas

*La nación zapoteca, situada en lo que hoy es el estado de Oaxaca, fue una de las más antiguas de México. Su existencia duró por más de mil años. Muchos hombres ilustres de la República han nacido en esta región, incluso dos famosos presidentes: el licenciado Benito Juárez, una de las figuras políticas más admiradas del país; y el general Porfirio Díaz. Por esta coincidencia Oaxaca también es conocida como «la cuna[1] de los patriotas».*

*«Los árboles de flores blancas» es una leyenda de romance e intriga; sus personajes principales y los sucesos[2] tienen orígenes históricos.*

*El rey azteca, llamado el «Rojo Ahuizolt», era un símbolo de terror entre sus vecinos. Hizo constantes guerras para capturar prisioneros, cuyos corazones fueron ofrecidos en sacrificio al dios Huitzilopochtli.[3] A pesar de la crueldad con que trataba a sus enemigos, el rey amaba profundamente a su pueblo y a la magnífica ciudad de Tenochtitlán,[4] con sus hermosos jardines, sus inmensos palacios y sus grandes templos.*

Era el siglo quince y el joven rey Cosijoeza acababa de ocupar el trono de los zapotecas en la bella ciudad de Juchitán, llamada ahora Oaxaca. La gente del reino quería mucho a su nuevo soberano[5] que era bondadoso,

---

[1] **cuna** cama para niños   [2] **suceso** acontecimiento
[3] **Huitzilopochtli** dios de la guerra   [4] **Tenochtitlán** la capital de los aztecas
[5] **soberano** autoridad suprema

95

sabio y valiente. También era un guerrero astuto, talento necesario en aquellos tiempos en que sus vecinos, los aztecas, luchaban continuamente para conquistar el reino zapoteca por medio de las armas o del engaño.

Una tarde el joven rey paseaba por los jardines del palacio para gozar de la belleza de los árboles de flores blancas. Era la hora en que acostumbraban a abrirse las inmensas flores y su delicado aroma se extendía por toda la ciudad. En verdad, los dioses habían favorecido a los zapotecas cuando les regalaron aquellos árboles hace miles de años, árboles que solamente se encontraban en aquel lugar.

De repente, el paseo del rey fue interrumpido por la llegada de uno de sus criados y unos emisarios aztecas.

—Decid[1] el mensaje, por favor —dijo el rey a los emisarios, ansioso de saber cuál sería el nuevo engaño de su vecino azteca.

—Nuestro rey, el gran Ahuizolt, desea que le enviéis[2] unos árboles de flores blancas. Quiere plantarlos en los jardines del palacio y a lo largo de los canales en nuestra encantadora Tenochtitlán —fue la respuesta.

Cosijoeza no respondió inmediatamente. Recordaba que por muchos años, Ahuizolt había tratado en vano de conseguir algunos de esos árboles. También recordaba que los aztecas siempre pagaban un bien con un mal.

Uno de los emisarios, impacientándose, declaró:

—Si no enviáis a mi rey los árboles, él mandará que sus guerreros aztecas se apoderen[3] de vuestro reino. De esta manera él será dueño de todos los preciosos árboles.

—Decid a vuestro rey que no podrá tener mis árboles ni mi reino —respondió con calma el joven rey.

Tan pronto como los emisarios habían salido para su país, el rey zapoteca reunió a los jefes guerreros y les dijo:

—Otra vez tenemos que pelear para salvar nuestras vidas y

---

[1]**decid** digan    [2]**enviéis** envíe Ud. (muy formal)    [3]**apoderar** tomar posesión

salvar a nuestra hermosa Juchitán del poder de los aztecas. Preparad todas las fortificaciones y las flechas envenenadas.[1]

Los fuertes guerreros lo escucharon y prometieron obedecerlo en todo lo que mandara, pues tenían en su rey una fe sin límites. Así, tres meses más tarde cuando llegó el ejército azteca, cansado de su viaje, fue vencido en pocos días por los valientes guerreros zapotecas.

Al saber de la derrota de su ejército, el rey azteca se puso furioso. Entonces resolvió hacer uso de la astucia[2] para obtener los árboles y, más tarde, el reino zapoteca.

Para llevar a cabo su plan, resolvió pedir la ayuda de Coyolicatzín, su hija más hermosa y más amada. Por eso, la llamó y le dijo:

—Hija mía, necesito tu ayuda para una misión difícil y peligrosa.

—A sus órdenes, padre mío.

—Quiero poseer los árboles de flores blancas y conquistar el reino zapoteca. Este es el plan —añadió el rey, y explicó a su hija la parte que ella debía ejecutar.

A los pocos días, la princesa salió secretamente de la ciudad, acompañada de sus criadas. Todas se dirigieron hacia la hermosa capital de los zapotecas. Para la princesa, el camino era largo y difícil, pero se confortaba y se llenaba de alegría pensando en la confianza que en ella depositaba su padre. Por fin, las viajeras llegaron a un bosque cerca del palacio en Juchitán y allí pasaron la noche.

Al día siguiente, cuando el rey paseaba por el bosque, se detuvo asombrado. Frente a él vio a una joven bella, hermosamente vestida y adornada con joyas preciosas.

—¿Quién eres, hermosa joven? —preguntó el rey. —Pareces una diosa que ha bajado del cielo.

—Soy la más infeliz de las jóvenes y camino por tierras desconocidas en busca de mi felicidad sin encontrarla.

---

[1] **envenenadas** con veneno    [2] **astucia** inteligencia

—En Juchitán soy bastante poderoso. Dime lo que puedo hacer por ti.

La princesa sonrió dulcemente y respondió con palabras vagas, sin decir nada concreto y mucho menos quién era.

—Ven conmigo a mi palacio donde mi madre te cuidará con cariño —pidió el rey.

La princesa fingió aceptar de mala gana la invitación cordial, pero en verdad esto era parte de su plan. Así ella, acompañada de sus dos criadas, pasó felizmente varios días en el palacio del joven rey. Y cuando éste se enamoró completamente de la hermosa y misteriosa joven, ella le dijo:

—Ha llegado la hora en que tengo que partir. Por un poder maravilloso he tenido el gusto de conocerte, pero tengo que volver a mi país.

Cosijoeza no quiso escuchar las palabras de la joven.

—No quiero que me abandones —le dijo. —Quédate aquí para siempre y sé mi esposa. O, si lo prefieres, dime cuál es tu país y yo te seguiré aun si tenga que sufrir toda clase de peligros.

La princesa miró con fingida[1] tristeza.

—Es muy difícil que yo pueda ser tu esposa, pues mi padre es el rey azteca, Ahuizolt.

El joven rey se quedó perplejo ante aquella confesión. Pero estaba tan enamorado de la hermosa joven que aun las mayores dificultades le parecían fáciles de vencer. Por eso contestó:

—Vuelve a tu hermosa Tenochtitlán, si ese es tu deseo. Pronto irán mis emisarios y pedirán tu mano al poderoso Ahuizolt, tu padre.

Lleno de honda tristeza quedó el rey mientras la princesa marchaba contenta hacia su padre. Ya había cumplido feliz-

---

[1] **fingir** aparentar

mente la primera parte del programa que aquél le había encomendado.[1]

\* \* \*

Poco después de la llegada de la joven a Tenochtitlán, aparecieron los emisarios del rey zapoteca. Venían cargados de riquezas para ofrecérselas a Ahuizolt como prenda[2] de amistad y también para pedirle la mano de la bella Coyolicatzín.

Mirando los regalos, el rey azteca respondió con fingida sorpresa:

—Me sorprendió vuestra misión. En otras ocasiones los aztecas y los zapotecas han sido enemigos. Pero este matrimonio que vuestro rey desea será de ahora en adelante la base firme de nuestra paz y amistad.

Y después de unos momentos de fingida tristeza, continuó:

—La hija que me pedís, y que ha de salir de mi lado es la más querida. Pero volved y decid al rey que pronto recibirá en Juchitán a la hermosa Coyolicatzín.

Llenos de alegría por la buena noticia que llevaban a su rey, volvieron los emisarios. Nadie pudo sospechar la traición que el rey azteca y su hija iban a llevar al mismo palacio de Juchitán.

Antes de la salida de la princesa, el rey azteca le habló, diciendo:

—Poco a poco, hija, tienes que enterarte de los secretos del ejército zapoteca, incluyendo las fortificaciones. Aprende también cómo se hacen las flechas envenenadas. Entonces les dirás estos secretos a mis emisarios que te visitarán de vez en cuando. Así, cuando lleguen mis guerreros, podrán conquistar el reino en pocos días.

---

[1]**encomendar** mandar hacer    [2]**prenda** prueba

—Padre mío, usted puede confiar en mí. Yo me enteraré de todo lo que desea y se lo diré a sus emisarios.

—Gracias, hija mía. Tengo confianza en ti. Después de la conquista, podrás volver de nuevo a nuestro palacio y casarte con uno de los jóvenes nobles.

\*　　\*　　\*

Las bodas de la princesa azteca y el rey zapoteca fueron celebradas con gran esplendor y alegría en Juchitán y el rey se sintió el más feliz de todos los hombres.

Iba pasando el tiempo y la princesa, poco a poco y con mucha prudencia, fue enterándose de las fortificaciones secretas.

Un día llegaron unos emisarios del rey azteca y la princesa les anunció:

—Decid a mi padre que aún no he descubierto lo más importante para él, el secreto de las flechas envenenadas. Pronto enviaré nuevas noticias.

Siguió pasando el tiempo y ya la hermosa princesa había descubierto todos los secretos que su padre quería saber. Pero también había descubierto algo más, algo que había sucedido en su alma. Amaba con todo el corazón a su esposo y a los zapotecas y sabía que nunca sería capaz de engañarlos.

No podía resistir más y fue corriendo en busca de su esposo. Con verdaderas lágrimas de amor le contó todo lo que había sucedido.

El joven rey, con palabras cariñosas, perdonó a su esposa que, desde aquel día en adelante, dedicó su vida a su esposo y a la gente zapoteca.

Se dice que en gratitud a la lealtad de la princesa, el joven rey zapoteca envió como regalo a Ahuizolt unos árboles de flores blancas. Hoy día se pueden ver árboles de esta clase en Tenochtitlán, la vieja capital de los aztecas, que ahora se llama la Ciudad de México.

EJERCICIOS

**A. Termine las frases con las palabras apropiadas.**
1. Juchitán es ahora:
   (a) Oaxaca.
   (b) la capital de México.
   (c) Nueva España.

2. Los árboles de flores blancas:
   (a) eran altísimos.
   (b) no existían en Oaxaca.
   (c) sólo se encontraban en Oaxaca.

3. Ahuizolt era:
   (a) el rey de los aztecas.
   (b) el rey de los zapotecas.
   (c) el rey de los mayas.

4. Los zapotecas usaban flechas:
   (a) largas.
   (b) afiladas.
   (c) envenenadas.

5. La princesa hizo el viaje por un camino:
   (a) ancho y espléndido.
   (b) protegido por los árboles.
   (c) largo y difícil.

6. La princesa dijo que:
   (a) tenía que regresar a su país.
   (b) no quería a Cosijoeza.
   (c) no quería los árboles de flores blancas.

7. El rey zapoteca se quedó:
   (a) contento.
   (b) triste.
   (c) boquiabierto.

8. Los emisarios del rey zapoteca:
   (a) llevaban riquezas a Ahuizolt.
   (b) no querían llegar a Tenochtitlán.
   (c) llevaban flores blancas al rey azteca.

9. Los emisarios volvieron:
   (a) tristes y cansados.
   (b) llenos de alegría.
   (c) sospechando traición.

10. Las bodas fueron celebradas:
   (a) de noche.
   (b) dentro de una pirámide.
   (c) con gran esplendor y alegría.

**B. Describa lo siguiente con las palabras dadas, formando frases completas.**
1. El gran Ahuizolt: quiere / árboles / flores / jardines / palacio / canales.
2. El ejército azteca: cansado / viaje / vencido / guerreros / zapotecas.
3. La princesa: joven / bella / vestida / adornada / joyas.
4. El rey azteca dijo: sorprendió / misión / enemigos / matrimonio / base / paz / amistad.
5. El rey azteca a la princesa: enterarte / secretos / ejército / fortificaciones / flechas.

**C. Conteste las siguientes preguntas:**
1. ¿Cómo se llamaba Oaxaca en aquellos días?
2. ¿Quién había favorecido a los zapotecas con los árboles de flores blancas?
3. ¿Qué quería el rey azteca?
4. ¿Con qué pagaban un bien los aztecas?
5. ¿Quiénes vencieron en la batalla?
6. ¿Quién iba a ayudarle al rey azteca?
7. ¿Con quiénes salió la princesa?
8. ¿Hacia dónde salieron ellos?
9. ¿Se enamoró el rey zapoteca?
10. ¿Guardó la princesa su secreto?

**D.  ¿Cuál es la diferencia entre:**
1.  plata, plato?
2.  se, sé?
3.  paso, paseo?
4.  sobrino, sobrina?
5.  hombre, hombro?
6.  pobre, pobretón?
7.  ramo, rama?
8.  rata, rato?
9.  nuevo, nueve?
10.  hacia, hacía?

**E.  Escriba el sinónimo (palabra que tiene el mismo o casi el mismo significado) de:**
1.  muy grande
2.  jefe
3.  pasear
4.  luchaban
5.  plan
6.  llevar a cabo
7.  tormenta
8.  riquezas
9.  de pronto
10.  salida
11.  marido
12.  tonto
13.  deidad
14.  hogar

# La calle de la Machincuepa[1]

*La capital de Nueva España (México) fue construida al estilo de las ciudades de España. En el centro había una plaza y alrededor de ésta se encontraban la catedral y las oficinas del gobierno. Fue en esta plaza, la Plaza Mayor,[2] donde pasó el episodio dramático de esta leyenda.*

*Cerca de la Plaza Mayor había calles con nombres que recordaban algún suceso verdadero o imaginario. Así, la calle frente a la casa de don[3] Mendo llevó por muchísimo tiempo el nombre de la calle de la Machincuepa; y las calles cercanas se llamaban el niño perdido y el indio triste. Hoy día los nombres de las calles de la Ciudad de México son más cortos y menos pintorescos.*

E n la primera parte del siglo dieciocho un español de sangre noble se despidió de sus únicos parientes, un sobrino y la hijita de él, y salió para el Nuevo Mundo. Cruzando los mares, vino a la ciudad que había sido la espléndida capital de Moctezuma.[4] Allí se estableció en una mansión elegante con muchos criados.[5]

Venía el español, don Mendo Quiroga y Suárez,[6] Marqués de Valle Salado, cargado de recomendaciones para el virrey[7]

---

[1]**Machincuepa** vuelta ligera que se da en el aire
[2]**Plaza Mayor** ahora se llama el Zócalo o la Plaza de la Constitución
[3]**don** título que precede al nombre de un caballero
[4]**Moctezuma** emperador de los aztecas cuando llegaron los españoles en 1519
[5]**criados** sirvientes      [6]**Mendo Quiroga y Suárez** Mendo es su nombre, y Quiroga y Suárez son sus dos apellidos. Generalmente, el primer apellido (Quiroga) es de su padre y el segundo (Suárez) de su madre.      [7]**virrey** viceroy

105

y con un montón de dinero. Así le fue fácil hallar[1] amigos entre los altos funcionarios[2] del gobierno y la gente rica de la capital. Pero siendo humilde, generoso y compasivo, don Mendo prefirió pasar sus días ayudando a los pobres y a los enfermos en vez de asistir a las fiestas de los ricos.

Un día don Mendo, algo preocupado, fue a visitar a su mejor amigo, el virrey de Nueva España.[3]

—Vengo a pedirte consejos, don Rodrigo —dijo el amable marqués.

—Habla con toda confianza, amigo mío. Sabes que puedes confiar en mí.

—Sí, lo sé, y te lo agradezco. Pues, acabo de recibir de España noticias de la muerte de mi sobrino, ¡que en paz descanse! Ahora su hijita, Paz, de quince años, queda huérfana.[4] Afortunadamente, su nana,[5] la vieja Eulalia, la cuida bien. Pero, ¿qué debo hacer?

—Te aconsejo que las invites a vivir en tu casa. ¡Qué felicidad traerá la señorita a tu mansión solemne! Habrá risas alegres, serenatas románticas, fiestas y bailes.

—Estoy de acuerdo. Hoy mismo le mandaré la invitación y el dinero para el viaje y otros gastos.[6]

La sobrina aceptó la invitación con gusto. Pero ella y su nana no llegaron a su nueva casa hasta la temporada navideña[7] que toda la gente celebraba con piñatas y posadas.[8]

Don Mendo dio un gran baile para presentar a su sobrina a la alta sociedad de la capital. Todos, incluyendo el tío, estaban encantados de la hermosa señorita. Era alta y delgada. Tenía los ojos y cabellos tan negros como el ala de un mirlo,[9] la tez[10] blanquísima, las manos y los pies aristocráticos. De verdad era graciosa y bella como la primavera.

---

[1] **hallar** encontrar  [2] **funcionario** persona que tiene puesto en el gobierno
[3] **Nueva España** México  [4] **huérfano** sin padres  [5] **nana** criada que cuida de niños
[6] **gastos** necesidades  [7] **temporada navideña** época de Navidad
[8] **posadas** fiestas que se celebran del 16 al 24 de diciembre. Conmemoran la busca
de alojamiento por María y José en Belén.  [9] **mirlo** pájaro negro  [10] **tez** cutis, la cara

Pero en los meses siguientes, todo el mundo observó que en contraste con su belleza física, Paz tenía un carácter desagradable. Era ingrata, descortés y aun orgullosa.

—Mi querida sobrina —le aconsejó don Mendo, —debes ser más cortés. Si no, tendrás muy pocos amigos.

—No me importa. Las personas aquí son ignorantes. No quiero su amistad —contestó Paz.

El tío tuvo razón. Al fin de un año, le quedó a Paz solamente dos amigos, su tío y su nana. A pesar de su carácter desagradable, los dos la querían mucho.

Un día ocurrió una tragedia en la gran mansión. De repente don Mendo se puso muy grave[1] y antes de la puesta del sol había muerto. Al recibir la noticia, todos en la capital se pusieron tristes. Todos lloraron la pérdida de su buen amigo.

En la mansión de don Mendo, la sobrina derramó copiosas lágrimas[2] falsas de uno de sus bellos ojos, mientras que con el otro se fijó en un viejo arcón[3] cerrado con llave. Bien sabía Paz que allí estaba guardado el testamento[4] de su tío.

Llegó el día fijado cuando el notario debía venir a la mansión. Abrió el arcón con llave. Sacó el testamento de don Mendo y con toda solemnidad lo leyó en presencia de Paz, el virrey y otros amigos:

«Yo, don Mendo Quiroga y Suárez, Marqués de Valle Salado, dejo todos mis bienes a mi sobrina, Paz Quiroga, pero ...»

—Sí, por supuesto. Merezco todo —interrumpió Paz descortésmente.

En los labios del notario se veía una sonrisa expresiva mientras se preparaba a leer la otra parte del testamento.

---

[1]**grave** muy enfermo    [2]**copiosas lágrimas** muchas lágrimas    [3]**arcón** baúl grande
[4]**testamento** documento que declara la disposición de sus posesiones después de la muerte

«...pero a condición de que ella pague todos los tormentos que me hizo sufrir en la vida, pues de otro modo todos mis bienes pasarán a la Orden de San Francisco y a la de Mercedes, por partes iguales. El pago que demando a mi sobrina es éste: con un vestido de baile puesto, irá en un coche descubierto por las calles principales de la capital; entonces en el pabellón[1] construido en el centro de la Plaza Mayor, bajará la cabeza y dará tres machincuepas en presencia de todos los espectadores que allí se reúnan. De otro modo, la herencia irá a las órdenes.

(Firmado) El Marqués de Valle Salado»

Si una bomba hubiera explotado a los pies de la señorita orgullosa, no hubiera hecho más efecto que la lectura de la última parte del testamento.

—¡Ay, ay! ¿Qué voy a hacer? —gritó Paz, llorando sinceramente esta vez. —No puedo hacerlo.

—La decisión es tuya y . . . —Pero el notario no terminó la frase porque la señorita salió corriendo de la sala.

Recordando que «Poderoso caballero es don Dinero», Paz tomó su decisión. Así, en una mañana de sol en que parecía que había millones de personas en la Plaza Mayor, la sobrina bajó de su coche elegante y subió al pabellón.

Por un momento, ella miró a la gente. Vio a muchos amigos de su tío. Vio a los jóvenes que habían tratado de ser sus amigos. ¡Qué serios parecían todos!

—Sin duda, han venido para burlarse de mí —pensó Paz. —Pero no importa. No los veré otra vez. Al recibir mi herencia, saldré para España.

Entonces con manos trémulas, la señorita cogió sus anchas faldas, se puso de rodillas con la cabeza en el piso del pabellón y dio la primera machincuepa.

Esperaba oír risas, pero no oyó ninguna.

---

[1] **pabellón** edificio abierto al aire

Rápidamente la señorita dio la segunda machincuepa y la tercera. Entonces levantándose, corrió hacia su coche.

—Llévame a casa pronto —mandó Paz al cochero.[1]

Al salir, se oyeron los gritos de la gente. Pero, ¿qué decían? La señorita escuchó con sorpresa.

—¡Viva la sobrina! ¡Viva nuestra amiguita valiente!

Repetidas veces Paz oyó aquellas voces. Entonces lloró sin consuelo.

A la semana, cuando el notario vino para hablar con la sobrina, ella le dijo:

—Quiero ser digna de mi tío, que era un santo. Por eso, hágame el favor de dar la mayor parte de mi herencia a la Orden de San Francisco y a la de Mercedes. Además, en vez de irme a España, me quedaré aquí. Voy a ayudar a las monjas en el asilo[2] para huérfanos.

—Muy bien, obedeceré tus deseos —contestó el notario con una sonrisa alegre. —Ahora sé que eres digna de tu tío que tanto te quería.

Como recuerdo de esta leyenda, la calle frente a la mansión de don Mendo llevó por muchísimo tiempo el nombre de la calle de la Machincuepa.

EJERCICIOS

A. **Termine las frases con las palabras apropiadas.**
  1. La capital de Nueva España fue:
     (a) Madrid.
     (b) México.
     (c) La Habana.

---

[1] **cochero** chofer    [2] **asilo** refugio

2. El Zócalo en México es:
   (a) la plaza mayor.
   (b) una tribu de indios.
   (c) una machincuepa.

3. «Don Dinero» es:
   (a) el tío de Paz.
   (b) un comerciante.
   (c) un poderoso caballero.

4. Don Mendo prefirió:
   (a) ayudar a los pobres y a los enfermos.
   (b) asistir a las fiestas.
   (c) asociarse con los ricos.

5. Paz era:
   (a) hermosa y aristocrática.
   (b) fea y gorda.
   (c) rubia.

6. Al saber de la muerte de don Mendo:
   (a) todos lloraron la pérdida.
   (b) Paz abrió el arcón.
   (c) Paz salió para España.

7. Paz hizo las machincuepas:
   (a) con mucho gusto.
   (b) con mucha agilidad.
   (c) con mucha vergüenza.

8. Los mexicanos:
   (a) odiaron a Paz.
   (b) la despreciaron.
   (c) querían ser sus amigos.

9. La lectura del testamento:
   (a) hizo llorar a Paz.
   (b) le dio mucho gusto a Paz.
   (c) nunca tuvo lugar.

10. Paz quiso regalar la mayor parte de la herencia:
    (a) a la vieja Eulalia.
    (b) a las órdenes religiosas.
    (c) al gobierno para construir un pabellón nuevo.

**B. Describa lo siguiente con las palabras dadas, formando frases completas.**
1. Paz: sobrina / alta / delgada / ojos / cabellos / tez / manos / pies / ingrata / orgullosa.
2. Don Mendo: humilde / generoso / rico / los pobres / los enfermos / fiestas de los ricos.
3. El testamento: todos mis bienes / a condición / pague los tormentos / a las órdenes religiosas.
4. Paz: vestido de baile / coche descubierto / calles principales / el centro / Plaza Mayor.
5. La machincuepa de Paz: manos trémulas / anchas faldas / rodillas / cabeza / piso.

**C. Conteste las siguientes preguntas:**
1. ¿Cómo se llama la Plaza Mayor de México?
2. ¿De dónde vino don Mendo?
3. ¿A quiénes ayudó don Mendo con su dinero?
4. ¿Por qué vino Paz a México?
5. ¿Cómo se llamaba la nana de Paz?
6. ¿Cómo presentó don Mendo a su sobrina Paz a la alta sociedad?
7. ¿Qué hicieron los de la capital al saber de la muerte de don Mendo?
8. ¿Quién leyó el testamento?
9. ¿Cuándo hizo Paz sus machincuepas?
10. ¿Qué gritó la gente después de las machincuepas de Paz?

**D. En esta leyenda, ¿a qué nombres se refieren estos adjetivos?**
1. pintorescos
2. románticas
3. compasivo
4. elegante
5. poderoso
6. delgada
7. expresiva
8. falsas
9. orgullosa
10. espléndida

Una leyenda de Puerto Rico

# El matador de tiburones

*En el siglo diecisiete Puerto Rico estaba bajo el dominio de España, que le proporcionaba un gobernador y otros funcionarios importantes.*

*Los barcos de España no llegaban con mucha frecuencia, y cuando por fin venían, se celebró el día con grandes fiestas.*

*Esta leyenda se trata del valor de un joven de Puerto Rico que en una de esas ocasiones luchó contra un tiburón aun cuando estaba sin la protección de la medalla que siempre le había dado buena suerte.*

Era la hora de la siesta y el puerto de la Aguada[1] parecía un lugar abandonado. Los rayos del sol, un sol radiante y dorado, calentaban la playa. Una leve[2] brisa hacía que las palmeras se movieran rítmicamente como si bailaran al compás[3] de la música que producían las olas al romperse contra las rocas.

De súbito, se oyó un grito alegre:

—¡Miren! ¡Los barcos! ¡Allá vienen los barcos!

Otras voces hicieron eco de la noticia y en un abrir y cerrar de ojos había gran expectación y actividad en el puerto. Todos, viejos y jóvenes, corrían emocionados a la playa para dar la bienvenida a los visitantes.

Al poco tiempo, dos valientes galeones[4] en cuyos mástiles ondeaba la bandera de España estaban anclados[5] en la her-

---

[1] **Aguada** pueblo al noroeste de Puerto Rico   [2] **leve** suave   [3] **compás** ritmo
[4] **galeón** barco   [5] **anclado** parado

**113**

mosa bahía de la Aguada donde había desembarcado Cristó-
bal Colón en su segunda visita al Nuevo Mundo en 1493.
Aquí se detendrían dos o tres días a fin de obtener provi-
siones y agua fresca para seguir su viaje a Veracruz. Y aquí los
pasajeros y marineros gozarían de fiestas celebradas en su
honor.

Esa misma noche hubo un gran banquete festejando[1] al
gobernador que por ese tiempo visitaba el puerto, y a los dos
pasajeros más distinguidos: el Virrey de la Nueva España[2] y
el Obispo de Puebla.[3]

Durante la comida, el virrey dijo: —Señores, lo que más
me ha llamado la atención en este largo viaje de España ha
sido un pez horrible. Lo hemos visto en las aguas cerca de su
hermosa isla. Es el tiburón. Mide cinco metros o más de
largo. En la tremenda boca tiene varias hileras[4] de dientes.
¡Qué monstruo tan peligroso!

—Pues, señor virrey, aquí en la Aguada hay un indio
llamado Rufino que siempre lucha contra los tiburones con
éxito —contestó el teniente de Guerra.

—¿Qué dice usted, amigo mío? —exclamó el virrey muy
sorprendido.

—Sí, este valiente indio, el mejor pescador de nuestro
puerto, lucha cuerpo a cuerpo y siempre con feliz éxito.

—Pues, hágame el favor de traerlo aquí. Deseo pedirle que
luche mañana con un tiburón.

Obedeció el teniente y pronto llegó Rufino.

Era un joven amable e inteligente de unos veinte años,
bajo de estatura, ancho de espaldas, y de brazos y piernas
fuertes. Aunque se llamaba «indio», a simple vista se descu-
bría en él el cruce[5] de las tres razas de la isla: la india, la
blanca y la africana.

—¿Quería usted hablar conmigo, señor teniente? —preguntó Rufino con cortesía y dignidad.

---

[1]**festejar** honrar con una fiesta     [2]**Nueva España** México
[3]**Puebla** ciudad en México     [4]**hilera** fila     [5]**cruce** mezcla

—Sí, Rufino. Nuestros nobles huéspedes[1] desean verte luchar con un tiburón. ¿Quieres hacerlo?

—No, señor.

—¿Por qué no?

—Porque no tengo la medalla de la Virgen del Carmen que me dio mi novia María.

—¿Dónde está la medalla?

—La he perdido.

—Te daré ocho pesos si luchas mañana con un tiburón en presencia del virrey y del obispo que salen para la Nueva España dentro de poco.

—No puedo. Tendré mala suerte sin mi medalla.

Cuando presentaron a Rufino al virrey, éste lo trató con sumo afecto[2] y le dijo: —Me alegro de hablar contigo, joven valiente. Si luchas mañana con un tiburón, te regalaré una onza de oro español.

Rufino quedó pensativo. Aunque necesitaba el dinero para salir de pobreza, temía luchar sin la preciosa medalla que siempre llevaba cuando salía al mar.

—Habla, Rufino —dijo el teniente.

—Muy bien, lucharé mañana —contestó, pero sin entusiasmo. Y salió abatido[3] para su casita.

Esa noche, agitado y nervioso, Rufino descansó poco. Muy temprano a la mañana siguiente, tomó su daga de combate afilada y se encaminó a la playa donde ya se habían reunido visitantes y lugareños.[4]

—¡Viva Rufino! ¡Viva nuestro amigo valiente! —gritó la gente.

Aunque preocupado, Rufino sonrió y agitó la mano. Dirigiéndose a la orilla, miró al horizonte con la mano puesta de visera sobre la frente. El mar estaba como una lámina[5] de acero, terso y límpido.[6] Los galeones lucían las hermosas banderas de España y sus vistosas banderolas, mientras a la

---

[1] **huésped** visitante    [2] **afecto** cariño    [3] **abatido** triste    [4] **lugareño** nativo
[5] **lámina** hoja    [6] **límpido** transparente

distancia se podían ver los barcos pescadores que regresaban al puerto con su pesca.

A los pocos minutos Rufino divisó[1] la aleta negra de un tiburón entre las olas. Al joven le brillaban los ojos de coraje[2] con deseos de combatir a la fiera[3] y corrió a carrera tendida hacia la punta del muelle.[4] Se quitó la camisa arrojándola en la arena y, daga en mano, se lanzó impetuosamente al mar mientras la gente aplaudió muy entusiasmada.

De repente, desapareció la aleta y Rufino se sumergió. El agua se movía convulsivamente. Debajo de la superficie tenía lugar una lucha terrible.

Poco después, apareció sobre las olas Rufino y se vio que nadaba apresuradamente hacia tierra. Al llegar a la playa, cayó pálido y fatigado con una pierna herida y su boca cubierta de sangre. ¡Pobre Rufino! El dolor era muy agudo.

—Sin mi medalla, todo me ha salido mal —se lamentó el joven ante la gente que acudió[5] alrededor de él. —Cuando me hirió el tiburón, no tenía bastantes fuerzas para matarlo.

—¡Pues, mira, Rufino! ¡Allá está! ¡Lo mataste! —gritó con alegría el gentío.[6]

Al sentarse, en medio de su dolor, Rufino comprendió que sí, había triunfado. Sobre la superficie de las aguas flotaba el horrible animal con su espantosa boca abierta, privado de la vida.

El virrey se acercó a Rufino y poniendo la mano sobre la cabeza del matador triunfante le dijo:

—Aquí tienes la onza de oro español que te prometí. Aunque eres valiente, Rufino, espero que nunca vuelvas a repetir esa lucha terrible.

El teniente añadió otros pesos, y al poco rato la gorra[7] del joven estaba llena de dinero. Hasta los marineros de los

---

[1]**divisar** ver    [2]**coraje** valor    [3]**fiera** animal salvaje
[4]**muelle** lugar donde atracan los barcos    [5]**acudir** ir en socorro de alguien
[6]**gentío** multitud    [7]**gorra** clase de sombrero

galeones que habían presenciado el combate heroico le enviaban como regalo toda clase de monedas.

Aquella noche Rufino hablaba con su novia, María, mientras contaban felizmente el dinero que él había recibido por su trabajo de gran valor.

—¿Te das cuenta, mi bien, que ahora somos ricos? Ahora nos podemos casar cuando queramos.

—Sí, Rufino. ¡Soy la muchacha más feliz de todo Puerto Rico! Y lo mejor de todo es que ya no tienes que arriesgar[1] más tu vida tratando de matar a los tiburones, sólo para recibir unos pesos. Y, ¿te das cuenta también, Rufinito, que lo hiciste solo, sin el poder de la medalla? ¡Eres una maravilla, y te quiero mucho!

—Y yo a ti, María. Mas, ¿qué es esto? ¡María, mira!

—¿Qué, Rufino? ¿Qué es?

—¡Es la medalla que tú me diste! ¡Alguien la puso en la gorra con el dinero que me dieron!

Así es que Rufino y María tenían todo lo que querían en la vida. Al día siguiente, los visitantes del pueblo, acompañados de sus amigos puertorriqueños, asistieron a misa antes de embarcar para Nueva España. Al terminar la ceremonia sagrada con rezos por la seguridad de los viajeros, el padre les anunció a la congregación que todos iban a tener el gusto de presenciar la boda de una pareja[2] muy estimada: María y Rufino, el matador de tiburones.

Y todos celebraron la grata sorpresa.

Se casaron ese día
Rufino y María
«y fueron felices
comiendo perdices».[3]

---

[1] **arriesgar** poner en peligro    [2] **pareja** conjunto de dos personas
[3] **«y fueron ... perdices»** es una forma tradicional de terminar los cuentos

EJERCICIOS

**A. Termine las frases con las palabras apropiadas.**
1. Todos corrieron a la playa para:
   (a) pescar.
   (b) dar la bienvenida a los visitantes.
   (c) gozar del agua.

2. Dos galeones españoles:
   (a) estaban anclados en la bahía.
   (b) no podían llegar.
   (c) alzaron la bandera de piratas.

3. El virrey había visto en las aguas:
   (a) una sirena.
   (b) varios indios nadando.
   (c) un pez horrible.

4. Lo interesante de Rufino era que:
   (a) luchaba cuerpo a cuerpo con tiburones.
   (b) era altísimo.
   (c) no sabía nadar.

5. El virrey le ofreció a Rufino:
   (a) un título de nobleza.
   (b) un viaje a España.
   (c) oro español.

6. Rufino temía pelear sin:
   (a) pistola.
   (b) su preciosa medalla.
   (c) compañeros.

7. Rufino, al llegar a la playa:
   (a) se fue para su casa.
   (b) saludó a toda la gente.
   (c) se cayó pálido y fatigado.

8. Sobre la superficie del agua:
   (a) flotaba el horrible animal.
   (b) se veía el reflejo del sol.
   (c) nadaba la gente.

9. La gente ponía el dinero para Rufino:
   (a) en su gorra.
   (b) en el banco.
   (c) en la boca del tiburón.

10. —Eres una maravilla:
    (a) pero no te quiero.
    (b) debes estar en el circo.
    (c) y te quiero mucho.

**B. Describa lo siguiente con las palabras dadas, formando frases completas.**
1. El virrey anunció durante la comida: llamado / atención / viaje / pez / horrible / tiburón.
2. Rufino era: joven / inteligente / bajo / ancho / fuerte.
3. El virrey le dice a Rufino: peleas / tiburón / regalaré / onzas / español.
4. El mar: lámina / límpido / galeones / distancia / barcos / puerto.
5. La lucha: desapareció / aleta / se sumergió / agua / se movía / debajo / terrible.

**C. Conteste las siguientes preguntas:**
1. ¿Dónde tuvo lugar esta leyenda?
2. ¿Dónde ondeaban las banderas españolas?
3. ¿Cuántos días se detendrían los galeones?
4. ¿Qué celebraron esa noche?
5. ¿Por qué era famoso Rufino?
6. ¿Quién era el mejor pescador?
7. ¿Con quién quería casarse Rufino?
8. ¿Por qué no quería Rufino luchar con el tiburón?
9. ¿Dónde encontró su medalla después?
10. ¿Qué flotaba sobre la superficie del agua?

**D. Diga en español el significado de estas palabras o modismos:**
1. en un abrir y cerrar de ojos
2. festejar
3. dicho y hecho
4. pésame
5. ligero como un rayo
6. de súbito
7. tomar a pecho
8. tengo tantas ganas
9. llover a cántaros
10. quiere decir

# La sortija de diamantes

*En el siglo dieciséis, el Caribe estaba amenazado muy a menudo por piratas crueles que robaban todo lo que podían de los numerosos barcos que por allí pasaban. Uno de los piratas más temidos era Drake que, con sus compañeros, trató de destruir la capital de la hermosa isla de Puerto Rico, esperando así poder robar las riquezas de unos barcos españoles.*

*Esta leyenda lleva su parte histórica: se trata de un soldado pobre que estaba enamorado de una hermosa joven, y de su parte en la derrota[1] de los piratas.*

E l joven soldado, silbando desafinadamente[2] una canción de amor, llamó a la puerta de una bonita casa cerca de la fortaleza de San Juan.[3]

—Buenas tardes, Gloria, —dijo el mozo[4] a la criada que abrió la puerta. —¿Están en casa la tía Brianda y Mónica?

—Sí, don Juan. Pase usted. Están ocupadas haciendo encaje[5] para los manteles[6] de la Catedral.

—Gracias, niña, —contestó el visitante que entró en la sala con paso marcial. Una vez terminados los saludos cordiales, se sentó al lado de su novia Mónica.

Después de admirar el hermoso encaje y charlar un poco, Juan miró con cariño a su novia y le preguntó:

---

[1] **derrota** destrucción    [2] **desafinadamente** fuera de tono
[3] **San Juan** capital de Puerto Rico    [4] **el mozo** el joven
[5] **encaje** una clase de bordado    [6] **mantel** tela que cubre el altar

121

—Si no estás demasiado ocupada, Mónica, ¿puedes deleitarnos[1] un rato con tu guitarra y tus canciones?

—¿Y qué quieres que toque, Juanillo?

—Pues la «Entrada triunfal de don Gonzalo de Córdoba[2]
en Nápoles». Me gusta oír cómo imitas los clarines y los
tambores.

—Pero, hombre, ¡siempre pides lo mismo!

—Eso es sólo el principio. Después cantaremos los versos,
tú y yo, juntos.

—¡Quítate de ahí! Tú serás buen artillero pero de cantante no tienes ni un pelo.[3]

—En cambio, tu voz es divina y me encanta tanto como el
incienso de la Catedral. Y la guitarra en tus manos me llega
al alma.

—¡Lisonjero! ¡Déjate de piropos!

—Te lo juro por la Virgen. Y también te digo que anoche
soñé que te había regalado una sortija de diamantes, hermo-
sísima, como anillo de boda. Y te advierto que en mi sueño
nos casamos en la Catedral y que después de la ceremonia
servimos refrescos a nuestros amigos en el patio, a la sombra
de los árboles.

—Dios te oiga, Juanillo. ¡Una sortija de diamantes! Hace
sólo una semana me dijiste que tú, el mejor artillero, eras el
más pobre de la fortaleza.

—Lo soy, mi vida, pero a nadie le falta la ayuda de Dios.
Por algún milagro nos casaremos y te daré una sortija porque
te quiero con todo el corazón.

Mónica era una muchacha muy linda, siempre contenta,
vivaracha[4] y un poco traviesa.[5] Tenía una sonrisa encantadora y su voz era tan melodiosa como la música de su guitarra
o el repique de cascabeles.[6] Siendo huérfana desde su niñez,

---

[1] **deleitarnos** entretenernos    [2] **Gonzalo de Córdoba** general español del siglo XV
[3] **no tener ... pelo** no poder    [4] **vivaracho** muy vivo y alegre    [5] **travieso** pícaro
[6] **repique de cascabeles** sonido de campanas pequeñas

había vivido con su tía buena y prudente a quien amaba como si fuera su madre. Aunque se divertía coqueteando con Juan, Mónica lo quería con todo el fervor de su alma.

Y Juanillo (o Juan Alonso Tejadillo) merecía[1] el amor de su novia. Era un guapo andaluz[2] de unos veintitrés años, trabajador, honrado y amante de aventuras. Decidió venir a las Américas voluntariamente. Por eso se alistó en Cádiz en el ejército de su rey Felipe II,[3] y un año más tarde él y sus compañeros desembarcaron en las hermosas playas de Puerto Rico o Borinquen, como lo llamaron los indios. En España y en su tierra nueva, Juan tomó tan a pecho[4] las enseñanzas de sus oficiales que llegó a manejar el cañón con maestría. En verdad, era sin igual en la isla.

Una noche, pocos meses después de la visita de Juan con su novia, el gobernador, avisado de que se acercaba al puerto de San Juan un enemigo formidable con una flota de veintiséis barcos, puso inmediatamente a la ciudad entera en estado de defensa. Se tocó la generala,[5] el toque de tambores y cornetas que ordena a las fuerzas de guarnición[6] que se pongan sobre las armas. Se cortó el puente de San Antonio. Se publicó un bando[7] para que las mujeres, los niños y los viejos abandonaran la ciudad, quedando sólo los hombres útiles para la defensa.

—¿Qué habrá pasado? ¿Es posible que haya llegado a nuestro puerto el pirata Drake que ha sembrado terror por todas partes? —preguntó la tía Brianda, mientras ella, Mónica y la criada se apresuraban en la oscuridad hacia la casa de un pariente que vivía en el próximo pueblo.

—Creo que no, tía —respondió Mónica. —Juanillo me ha dicho que este cruel pirata, después de conquistar y saquear a fondo a Santo Domingo y luego a Cartagena de Colombia,

---

[1]**merecer** ser digno de algo    [2]**andaluz** de la región de Andalucía en el sur de España
[3]**Felipe II** uno de los reyes famosos de España (1527–1598)    [4]**a pecho** en serio
[5]**generala** anuncio de peligro    [6]**fuerzas de guarnición** tropas de defensa
[7]**bando** edicto, ley

se ha hecho a la vela[1] rumbo[2] a Londres con su botín[3] valorado en más de tres millones de ducados.[4]

Juanillo no andaba equivocado.[5] Drake, el más poderoso de los piratas de esta época, navegaba rumbo a Inglaterra — hasta que tuvo informes de que la Capitana[6] de la escuadra española, anclada[7] en el puerto de San Juan, llevaba un cargamento de dos millones de ducados en oro y plata.

Oír estas palabras y hacerse a la vela hacia San Juan fue todo uno, a pesar de las objeciones de sus capitanes, uno de los cuales era John Hawkins, maestro y pariente de Drake.

El gran corsario[8] se enojó y gritó: —Vamos a Puerto Rico y robemos a esos borinqueños estúpidos en un santiamén.[9]

Al llegar a San Juan, Drake se aprovechó de la intensa oscuridad de la noche y atacó al puerto con veinticinco lanchas, bien tripuladas.[10] A pesar de las balas de cañón que tiraban desde tierra, los piratas pegaron fuego a la «Magdalena», una fragata de guerra de S. M.[11] que acababa de entrar en el puerto.

En seguida, la bahía quedó iluminada por la fragata en llamas, y fue a causa de esta luz que la artillería pudo ver y destruir la mayor parte de las lanchas inglesas.

¿Y qué hacía Juanillo durante esta pelea? Como primer artillero de la fortaleza, estaba encargado del manejo[12] y cuidado del mejor y más grande cañón, un regalo del Rey de España. Con la luz del incendio, el joven pudo ver la Capitana inglesa cerca de la entrada del puerto y notó claramente la luz de una ventanilla de popa.[13] Hacia aquella lucecilla[14] apuntó el artillero su cañón cuidadosamente. Luego se santi-

---

[1] **hacerse a la vela** salir (un barco)   [2] **rumbo** con destino   [3] **botín** despojo
[4] **ducados** moneda usada en aquella época   [5] **equivocado** en error
[6] **Capitana** buque del almirante de una escuadra   [7] **anclada** parada
[8] **corsario** pirata   [9] **santiamén** momento   [10] **bien tripulado** con muchos marineros
[11] **S.M.** su majestad, el rey de España   [12] **manejo** operación
[13] **de popa** en la parte posterior del barco   [14] **lucecilla** luz pequeña

guó[1] e invocó a Santiago apóstol,[2] y sin vacilación[3] alguna disparó el arma.

La inesperada bala penetró en el comedor del barco y mató a John Hawkins y a otros ingleses que estaban tomando refrescos y riéndose de la estupidez de los defensores puertorriqueños.

Drake, entristecido por la muerte de Hawkins y sorprendido por la obstinada resistencia de la gente de Puerto Rico, levó anclas al día siguiente e hizo proa[4] hacia Inglaterra.

El gobernador don Pedro Suárez, entusiasmado con la derrota del enemigo, regaló al artillero Juan Alonso Tejadillo «una sortija de diamantes y una bolsa de monedas por lo bien que había servido a S. M. en aquella jornada[5] y por haber matado a Juan de Aquines».[6] Así dice la crónica.

Un año más tarde, cuando Juan había cumplido su servicio en el ejército, él y Mónica se casaron en la Catedral, y como anillo de boda ella recibió la preciosa sortija de diamantes. Después de la ceremonia, los novios sirvieron refrescos a sus amigos, que incluyeron al gobernador, a otros funcionarios españoles y a casi todos los habitantes de la capital, en el patio de la Catedral.

Y así se realizó el sueño de Juanillo, el mejor artillero de la hermosa isla de Puerto Rico.

---

[1] **santiguarse** hacer la señal de la cruz    [2] **Santiago apóstol** santo patrón de España
[3] **sin vacilación** sin esperar    [4] **hizo proa** se dirigió    [5] **jornada** día
[6] **Juan de Aquines** John Hawkins

EJERCICIOS

**A. Termine las frases con las palabras apropiadas.**
1. En el siglo dieciséis el Caribe estaba amenazado por:
   (a) feroces huracanes.
   (b) piratas crueles.
   (c) mujeres hermosas.

2. La tía Brianda y Mónica se ocupaban:
   (a) cocinando.
   (b) leyendo.
   (c) haciendo encaje.

3. Mónica también sabía tocar:
   (a) la guitarra.
   (b) la puerta.
   (c) la flauta.

4. Don Juan era buen artillero, pero él no sabía:
   (a) hablar español.
   (b) tocar puertas.
   (c) cantar.

5. Don Juan soñó:
   (a) que se había casado.
   (b) con los ángeles.
   (c) con una víbora.

6. Avisado de la llegada de una flota enemiga:
   (a) el gobernador salió corriendo.
   (b) el gobernador le avisó a Juan.
   (c) el gobernador puso la ciudad en estado de defensa.

7. Se creía que Drake:
   (a) se dirigía a Londres.
   (b) seguía saqueando ciudades.
   (c) había muerto.

8. Juan de Aquines era:
   (a) el gobernador.
   (b) maestro y pariente de Drake.
   (c) jefe de los borinqueños.

9. La «Magdalena» era:
   (a) una mujer bonita.
   (b) un hotel.
   (c) una fragata de guerra.

10. El gobernador le regaló a Juan:
    (a) una sortija de diamantes y una bolsa de monedas.
    (b) un cañón nuevo.
    (c) una guitarra para Mónica.

**B. Describa lo siguiente con las palabras dadas, formando frases completas.**
   1. Mónica: linda / contenta / vivaracha / traviesa / sonrisa / voz / huérfana.
   2. Juan: guapo / andaluz / trabajador / alistó / llegó / manejar / cañón.
   3. El gobernador: estado de defensa / generala / guarnición / se cortó / público.
   4. Los piratas: se aprovecharon / oscuridad / atacaron / lanchas / tripuladas / pegaron fuego.
   5. El artillero Juan: encargado / cañón / luz / incendio / pudo / entrada / apuntó / disparó.

**C. Conteste las siguientes preguntas:**
   1. ¿Quién llamó a la puerta de la casa de Mónica?
   2. ¿Quién sabía imitar los clarines y los tambores?
   3. ¿Qué soñó Juan?
   4. ¿Cómo se llamaba la tía de Mónica?
   5. ¿De qué parte de España vino Juan?
   6. ¿Por qué llegó Drake a San Juan?
   7. ¿Quién pegó fuego a la «Magdalena»?
   8. ¿Adónde fue Drake luego?
   9. ¿Dónde se casaron Juan y Mónica?
   10. ¿Qué fue el anillo de boda?

**D. ¿Qué nombre o adjetivo tiene relación con estos infinitivos?**
   1. sonreír
   2. cantar
   3. soñar
   4. regalar
   5. gobernar
   6. esperar
   7. tardar
   8. apostar
   9. navegar
   10. leer
   11. entrar
   12. gozar
   13. explorar
   14. cruzar
   15. oscurecer

**17**

# La herencia

*Los franciscanos[1] vinieron al Nuevo Mundo con los conquistadores y durante más de dos siglos los acompañaron por los continentes americanos. Después de aprender las lenguas nativas, estos misioneros nobles y bondadosos dedicaron su vida a convertir a los indios a la fe cristiana; a defenderlos contra las injusticias de los españoles; y a enseñarles artes, oficios[2] útiles y nuevos métodos para el cultivo de sus cosechas.[3] También fundaron misiones, escuelas, universidades, hospitales, asilos para huérfanos y otras instituciones de beneficencia.*

    *Cerca del Zócalo[4] en la capital, construyeron edificios que se extendieron por un área de dos cuadras. Aquí se encontraba la primera escuela del continente. Poco tiempo después de su fundación (1522), cerca de mil alumnos recibieron instrucción religiosa y civil. En este centro había casas, capillas, una iglesia y un inmenso convento, escenario de nuestra leyenda que tiene lugar en los primeros años del siglo XVIII. Hoy día, todos los edificios han desaparecido menos la Iglesia de San Francisco.*

E ran las doce de la noche y la campanilla del convento de San Francisco en la capital de México tocaba a maitines.[5] Los frailes fueron saliendo de sus celdas y silenciosamente entraron en la capilla iluminada por la temblorosa luz de las velas que estaban encendidas en el altar, luz

---

[1] **franciscanos** monjes de la orden de San Francisco    [2] **oficio** ocupación
[3] **cosecha** fruto de la siembra    [4] **Zócalo** la plaza central
[5] **maitines** primera oración del día

129

que proyectaba extrañas[1] sombras en las paredes, creando un mundo fantasmagórico.[2] El padre guardián, fray[3] Lucas, permaneció junto a la puerta hasta que todos estuvieron en sus sitios. Entonces se colocó[4] en el suyo.

El rezo sagrado comenzó con la salmodia[5] eterna. De pronto, se abrió la puerta y entró un hermano desconocido con la capucha[6] puntiaguda calada[7] sobre el rostro.[8] Avanzó hasta el centro de la capilla, se arrodilló[9] y allí quedó rezando hasta que todos los frailes, terminadas sus oraciones,[10] volvieron a sus celdas, menos fray Lucas.

Por fin el desconocido se levantó. Con la cabeza inclinada y las manos cruzadas sobre el pecho y ocultas bajo las anchas mangas, se dirigió lentamente hacia la puerta, donde se encontró con fray Lucas, el padre guardián.

—Bienvenido, hermano. ¿De qué provincia vienes? ¿De Jalisco o de Oaxaca? —preguntó fray Lucas.

El desconocido se detuvo y permaneció silencioso.

Fray Lucas repitió la pregunta y al mismo tiempo levantó la vela[11] que sostenía en la mano hacia la cara del nuevo fraile. Pero sus ojos se quedaron abiertos de estupor mientras sentía flaquear[12] sus piernas—¡la temblorosa llama iluminaba débilmente una calavera[13] amarilla!

Tras unos momentos, que a fray Lucas le parecían eternos, se oyó una voz grave que dijo:

—No tengas miedo, fray Lucas. Has de saber que yo fui en este mundo fray Bernardino de Ypes, también guardián como tú, de este convento.

—Ah, sí, hermano —respondió fray Lucas, algo más tranquilo. —He visto tu nombre varias veces en la crónica del convento.

---

[1]**extraño** singular   [2]**fantasmagórico** como fantasma   [3]**fray** fraile
[4]**colocarse** ponerse   [5]**salmodia** leer los salmos, una sección de la biblia
[6]**capucha** gorro de fraile   [7]**calar** cubrir   [8]**el rostro** la cara
[9]**arrodillarse** ponerse de rodillas   [10]**oraciones** rezos   [11]**vela** candela
[12]**flaquear** perder la fuerza   [13]**calavera** cráneo

La calavera continuó:

—Una vez, siendo yo guardián de este convento, llegó aquí un señor que vivía en San Luis Potosí. Se llamaba don Francisco Balandrano. Había venido a la capital para recoger una gran herencia que le había dejado un pariente rico. Pero, a causa de una rebelión india en la proximidad de su casa, temía llevar consigo esta fortuna.

—Es natural —observó fray Lucas.

—Me pidió que, por favor, le guardara en el convento aquel tesoro hasta que hubiera paz en su región. Entonces él volvería, o mandaría a alguna persona de su confianza, para recoger sus bienes.

—¿Y qué hiciste, hermano? —preguntó fray Lucas, que ya se había olvidado de que hablaba con un aparecido.[1]

—Yo le di permiso para dejar aquí su herencia, y aquella misma tarde, antes de salir para su casa, la trajo. Había gran cantidad de talegas[2] llenas de oro y plata. Nadie en el convento, excepto el padre prior, supo esto.

—¿Qué hicieron con el tesoro, fray Bernardino?

—Pues —continuó el aparecido, —llevamos las talegas a nuestra pequeña biblioteca. Allí, debajo del gran cuadro de la Virgen, levantamos las losas[3] del suelo, cavamos un agujero[4] y enterramos[5] el tesoro. Pasó el tiempo y al morir el padre y yo, el secreto se fue con nosotros a la tumba.

—Entonces —preguntó fray Lucas, —¿la herencia continúa escondida?

—Así es, pero ha llegado el momento de sacarla a la luz del día, y tú, fray Lucas, vas a ser el encargado de hacerlo.

—Sí, sí, la sacaré, pero, ¿qué voy a hacer con ella? ¿La repartiré entre los pobres? Pues bien sabes nuestro voto[6] de pobreza.

---

[1] **aparecido** fantasma    [2] **talega** saco    [3] **losa** ladrillo
[4] **cavamos un agujero** hacer un hoyo en la tierra    [5] **enterrar** poner en la tierra
[6] **voto** promesa

—Ten paciencia y te explicaré lo que debes hacer. En la cárcel de México está Juan Balandrano, hijo honrado y bueno de don Francisco. Es el heredero legítimo de la herencia enterrada aquí. Hazme el favor de entregársela.

Fray Lucas estaba perplejo, dudoso. Tenía ganas de enterarse[1] más de esos sucesos misteriosos, pero notando que el aparecido estaba para salir, respondió:

—Sí, fray Bernardino, mañana llevaré a cabo tus deseos.

Una vez dicho esto, el alto esqueleto cruzó de nuevo sus manos huesudas,[2] inclinó la calavera encapuchada[3] y caminando lentamente, cruzó la puerta de la capilla hasta perderse entre las sombras del claustro.

A la mañana siguiente, fray Lucas se apresuró a contar al padre prior todo lo que había sucedido en la capilla.

—De veras, parece un milagro, pero vamos a la biblioteca para sacar el tesoro.

Dicho y hecho. En el lugar indicado por el aparecido encontraron las talegas.

Inmediatamente fray Lucas, llevando una talega llena de oro, se encaminó a la cárcel para llevar a cabo la promesa hecha a fray Bernardino. Pero, ¿cómo sabía éste que don Juan estaba en la cárcel o que era el heredero legítimo? ¡Era un gran misterio!

Al llegar a su destino, fray Lucas fue llevado a una pequeña sala de espera. A los pocos minutos el sonido de pasos en los silenciosos y oscuros corredores anunció la llegada de un joven acompañado del carcelero.[4] Los dos se sentaron al lado del fraile.

—¿Es usted don Juan Balandrano, hijo de don Francisco?

—Sí, padre, yo soy —respondió el joven, perplejo.

—No tema usted. Soy fray Lucas, guardián del convento franciscano.

—¿Usted fue amigo de mi padre? ¡Que en paz descanse!

---

[1] **enterarse** averiguar    [2] **huesudo** que tiene mucho hueso    [3] **encapuchada** cubierta
[4] **carcelero** guardián

—No, no lo conocí, pero tengo para usted una herencia que él dejó en el convento la última vez que estuvo aquí en la capital.

Don Juan no salía de su asombro; las últimas palabras del fraile trajeron a su memoria lo que tantas veces había oído. Su padre regresaba a casa cuando los indios lo mataron y así él quedó huérfano a la edad de dos años.

Durante los dieciocho años siguientes sus tutores deshonestos habían malgastado[1] su fortuna; y ahora, agobiado[2] por deudas que no podía pagar, sus acreedores lo habían puesto en la cárcel. Todo había salido en contra de él, y ahora no podía creer que aquel fraile viniera en su ayuda.

—¡Oh, padre, explíqueme todo, por favor! —sollozó[3] el joven, lleno de gratitud.

—Es una larga historia que le contaré más tarde —contestó el padre poniendo una mano benévola[4] sobre la cabeza del joven. —Lo importante en este momento es que usted use esta talega de oro para pagar a sus acreedores. Luego, salga de aquí y vaya al convento para recoger el resto del tesoro. Adiós, Juan.

—Hasta la vista, padre. ¡Que Dios lo bendiga!

En cuanto[5] don Juan se vio libre, se apresuró a visitar el convento de los franciscanos. Cuando supo todo lo sucedido, dio gracias a Dios y a los frailes que habían cumplido el deseo de fray Bernardino. Después de rezar en la capilla, abandonó el convento y se dirigió a San Luis Potosí. Y en los meses que siguieron, repartió entre los pobres de su región una buena parte de aquella herencia que tan maravillosamente había llegado a sus manos.

Desde entonces, el joven visitó el convento cada año en el aniversario de la milagrosa aparición de fray Bernardino, el buen franciscano que regresó a este mundo para cumplir con su obligación de dar la herencia a la familia Balandrano.

---

[1] **malgastar** perder en una forma irresponsable  [2] **agobiar** oprimir  [3] **sollozar** llorar
[4] **benévolo** que demuestra buena voluntad  [5] **en cuanto** cuando

EJERCICIOS

**A. Termine las frases con las palabras apropiadas.**

1. Fray Lucas:
   - (a) se quedó en su celda.
   - (b) se colocó en su sitio.
   - (c) se sentó en el suelo.

2. El hermano desconocido:
   - (a) entró y se arrodilló.
   - (b) se quedó afuera.
   - (c) entró y comenzó a predicar.

3. La cara del nuevo fraile era:
   - (a) seria y guapa.
   - (b) gorda y rojiza.
   - (c) una calavera amarilla.

4. Don Francisco no pudo traer la herencia de la capital a causa de:
   - (a) una rebelión india.
   - (b) la revolución.
   - (c) una gran tempestad.

5. El tesoro estaba escondido:
   - (a) debajo de las losas.
   - (b) en el jardín.
   - (c) en la tumba.

6. El hijo de don Francisco:
   - (a) no era huérfano.
   - (b) estaba en la cárcel.
   - (c) vivía en un convento.

7. Fray Lucas llevó a don Juan:
   - (a) una caja de monedas de plata.
   - (b) una llave.
   - (c) una talega llena de oro.

8. Los tutores deshonestos habían:
   - (a) salido para España.
   - (b) malgastado su fortuna.
   - (c) guardado todo el dinero.

9. Cuando don Juan se vio libre:
   - (a) visitó el convento.
   - (b) comenzó a gritar.
   - (c) desapareció.

10. Don Juan repartió una gran parte de su herencia:
    (a) entre los presos.
    (b) entre los frailes.
    (c) entre los pobres.

**B. Describa lo siguiente con las palabras dadas, formando frases completas.**
1. Un hermano desconocido: capucha / calada / rostro / avanzó / centro / capilla / se arrodilló / rezando.
2. Fray Lucas al ver al nuevo hermano: ojos / abiertos / estupor / sentía / flaquear / piernas / llama / iluminaba / calavera.
3. El tesoro: debajo / cuadro / Virgen / losas / cavamos / enterramos.
4. Juan Balandrano: cárcel / heredero / legítimo / herencia / entregársela.
5. Al verse libre Juan: se apresuró / visitar / franciscanos / dio gracias / frailes / cumplido / deseo.

**C. Conteste las siguientes preguntas:**
1. ¿A qué hora tocaban los maitines?
2. ¿Cómo se llamaba el padre guardián?
3. Al entrar, ¿qué hizo el hermano desconocido?
4. ¿Cómo era la cara del desconocido?
5. ¿Por qué escondieron el tesoro?
6. ¿Dónde encontraron el tesoro?
7. ¿Quiénes hicieron un voto de pobreza?
8. ¿Cómo murió el padre de don Juan?
9. ¿Con qué pagó don Juan a sus acreedores?
10. ¿A quién dio don Juan una buena parte de la herencia?

**D. Escoja las siete palabras necesarias para hacer un buen resumen de la leyenda.**

| | | |
|---|---|---|
| 1. noche | 5. indios | 9. deuda |
| 2. vela | 6. convento | 10. padre guardián |
| 3. aparecido | 7. cárcel | 11. pobreza |
| 4. herencia | 8. rezos | 12. heredero |

**E. Nombre las partes del cuerpo humano que comienzan con estas letras.**

| | | |
|---|---|---|
| 1. b | 5. f | 9. n |
| 2. c | 6. g | 10. o |
| 3. d | 7. l | 11. p |
| 4. e | 8. m | 12. r |

# El origen del nopal[1]

*El nopal es una de las plantas más conocidas de América, pero se dice que México es sin duda el país donde más abunda. Esta bella planta con sus ovaladas[2] hojas verdes y flores rojas figuró en el escudo azteca y luego en el escudo[3] de la República de México.*

*Por el año 1519, cuando llegaron los españoles al valle de México, los aztecas ya se habían convertido en una nación poderosa. A pesar de algunas crueldades de su religión, los aztecas no eran salvajes. Su ciudad de Tenochtitlán, una de las más bellas del mundo, tenía templos, escuelas, hospitales, palacios, parques y jardines zoológicos. Había reglas estrictas para la juventud. Algunas reglas eran: obedecer y honrar a sus padres, respetar y obedecer a los dioses, ser honrado, decir la verdad y no comer rápidamente en la mesa.*

Vivía una vez en el norte de México una tribu de indios, los aztecas. Cerca del año 800 d.C.[4] sus dioses les hablaron diciendo:

—Vayan al sur donde encontrarán una nueva tierra más grande y bonita que la que aquí habitan.[5] Y un día verán allí un águila hermosa posada[6] en una planta desconocida. El ave[7] tendrá una serpiente en el pico.[8] En aquel sitio[9] edifiquen[10] una gran ciudad.

---

[1] **nopal** una clase de cacto    [2] **ovalado** en forma de óvalo    [3] **escudo** insignia
[4] **d. C.** después de Cristo    [5] **habitar** vivir    [6] **posada** situada    [7] **ave** pájaro
[8] **pico** boca de los aves    [9] **sitio** lugar    [10] **edifiquen** construyen

Obedeciendo los mandatos de sus dioses, los aztecas salieron de sus tierras y se dirigieron hacia[1] el sur.

Largo y difícil fue el viaje que duró muchos siglos.[2] Finalmente en el año 1300, los primeros aztecas llegaron al gran valle de México, rodeado de altas montañas. En el centro se encontraba el lago Texcoco con sus islas grandes y pequeñas.

—Ésta es nuestra tierra —anunció el supremo sacerdote.[3] —Aquí viviremos hasta que nuestros dioses nos indiquen por medio de una señal dónde hemos de edificar nuestra gran ciudad.

Toda la tierra alrededor del lago fue ocupada por muchas otras tribus, pacíficas y trabajadoras. Por esa razón los recién llegados tuvieron que establecerse en una de las islas grandes del lago.

Con los aztecas había venido su dios de la guerra, Huitzilopochtli. Lo veneraban[4] más que a los otros dioses, aunque era un tirano sin compasión. Todos los días exigía para sí ofrendas[5] de corazones humanos. Por eso, los aztecas hacían guerra sin cesar con el único objeto de hacer prisioneros destinados al sacrificio. Así fue que apenas habían llegado los viajeros a su nueva tierra, cuando el cruel dios empezó a gritar:

—¡Luchemos[6] contra nuestros vecinos! ¡No puedo vivir sin sangre y sin muerte!

Los aztecas, siempre fieles a sus dioses, se apresuraron[7] a obedecer los mandatos[8] terribles de su dios favorito. Día tras día, había batallas entre ellos y sus vecinos que antes habían vivido en paz y contentos.

Lejos, al norte, vivía la buena hermana del dios con su esposo y su hijito Copil. Pertenecían[9] a una tribu pacífica.

---

[1]**hacia** en dirección a    [2]**siglo** período de cien años    [3]**sacerdote** ministro
[4]**venerar** adorar    [5]**ofrenda** lo que se ofrece    [6]**luchar** hacer guerra
[7]**apresurarse** tener prisa    [8]**mandatos** edictos    [9]**pertenecer** formar parte de

Esa buena gente sentía horror al saber del sufrimiento causado por el dios.

—Cuando yo sea mayor, voy a hacer prisionero a mi tío para que no pueda causar tanta aflicción[1] —decía el niño Copil.

—No puedes hacerlo, hijito. Tu tío es cruel y poderoso —explicaba el padre.

Sin embargo, en el pecho del niño, día tras día, iba creciendo el deseo de encontrarse con el dios.

Pasaron años y más años. Al fin llegó el día en que Copil ya se había convertido en un joven valiente y hermoso, de cuerpo atlético, hábil[2] en la caza y en la pesca. Como su padre, el cacique,[3] Copil era bueno e inteligente.

Creyendo que había llegado la hora de encontrarse con su tío, Copil se puso en marcha[4] hacia el valle de México con mil hombres de su tribu. Cada uno llevaba su escudo y su macana.[5] Cada uno quería ayudar a Copil a cumplir sus propósitos.[6]

Pasando por ríos, vegas y cerros,[7] los caminantes[8] llegaron, por fin, al gran bosque que rodeaba el lago Texcoco. En la distancia vieron la isla donde vivían los aztecas con su dios.

—Esta noche descansaremos aquí en el bosque para que el dios no sepa de nuestra llegada —anunció Copil a sus compañeros. —Entonces mañana, antes de la salida del sol, llevaremos a cabo[9] nuestros planes.

¡Pobre Copil! No sabía que por medio de espías su tío había recibido noticias de su llegada y sus intenciones. Así, lleno de ira,[10] el dios llamó a sus tres sacerdotes y les dio este mandato terrible:

—Sáquenle el corazón a Copil y tráiganmelo como ofrenda.

---

[1] **aflicción** pena   [2] **hábil** capaz   [3] **cacique** jefe   [4] **ponerse en marcha** dirigirse
[5] **macana** arma de madera   [6] **propósito** intención   [7] **cerro** colina
[8] **caminante** el que va a pie   [9] **llevar a cabo** cumplir   [10] **ira** enojo

Los sacerdotes esperaron hasta la medianoche cuando las sombras nocturnas se apretaron[1] sobre la tierra. Entonces salieron de la isla en su canoa y silenciosamente cruzaron las aguas del lago oscuro. Al saltar a tierra, se dirigieron al lugar donde esperaban encontrar a Copil. Pronto, lo vieron durmiendo con sus compañeros, todos fatigados por las largas marchas.

Avanzando sin ruido, los sacerdotes se acercaron a Copil.

—¡Qué valiente y noble es el sobrino de nuestro dios! ¡Ojalá que pudiera ser uno de nuestros guerreros![2] —dijo en voz baja el sacerdote más joven.

Sin prestar atención a estas palabras, el supremo sacerdote sacó del cinto[3] un cuchillo afilado de piedra que él había usado para matar a centenares[4] de víctimas. Con un solo golpe partió[5] el pecho de Copil, introdujo la mano y arrancó el corazón palpitante. Luego en silencio los tres volvieron a la isla con la ofrenda sangrienta.[6]

—¿Qué desea usted hacer con el corazón de su sobrino? —preguntó el supremo sacerdote.

—Miren aquella isla cubierta de rocas grandes —contestó el dios, señalando[7] hacia el centro del lago. —Entierren[8] el corazón de Copil allí entre las rocas y la mala hierba.[9]

Obedecieron los sacerdotes con la ayuda de sus criados.

A la mañana siguiente, al mirar hacia la isla, el dios dio un grito de sorpresa. Llamando a los tres sacerdotes a su lado, preguntó:

—¿Qué es aquella planta verde con flores rojas que está creciendo en el sitio donde fue enterrado[10] el corazón de Copil? ¿Quién puede explicármelo?

Por mucho tiempo hubo silencio. Entonces habló el más viejo, el supremo sacerdote.

---

[1]**apretar** cubrir   [2]**guerrero** soldado   [3]**cinto** cintura   [4]**centenares** cientos
[5]**partir** dividir   [6]**sangriento** que se cubre de sangre   [7]**señalar** indicar
[8]**enterrar** poner bajo la tierra   [9]**mala hierba** planta sin valor   [10]**enterrar** sepultar

—Aquella planta, llamada nopal, ha crecido del corazón de su sobrino. Como él, tiene fuerza y hermosura. Durante todos los siglos servirá de recuerdo de ese joven noble y valiente.

De súbito,[1] el valle se puso tan oscuro como una noche sin luna ni estrellas, y un viento terrible pasó por la tierra. De las nubes se oyó la voz de Huitzilopochtli, una voz tan fuerte como el trueno:[2]

—La profecía de los dioses está cumplida. Por eso, he vuelto a mi habitación[3] en el cielo. De aquí guiaré[4] el destino de mi pueblo. Recuerden que con sacrificios humanos en los altares, ustedes pueden dominar el valle y las regiones lejanas.

Terminadas estas palabras, brilló el sol y cesó el viento. En el lugar donde había estado el dios, los sacerdotes vieron algo extraño. Era una imagen pequeña de Huitzilopochtli.

Algunos días después, los aztecas recibieron la señal tan esperada. En una rama de la planta nueva, el nopal, vieron posada un águila con una serpiente en el pico. Ahora sabían que en este lugar habían de edificar su gran ciudad. Y lo hicieron, llamándola Tenochtitlán en honor de Tenoch, el supremo sacerdote. Ahora la ciudad se llama México.

---

[1] **de súbito** de pronto     [2] **trueno** ruido fuerte que se oye en una tormenta
[3] **habitación** domicilio     [4] **guiar** dirigir

EJERCICIOS

**A. Termine las frases con las palabras apropiadas.**
  1. El águila de la leyenda estaba comiendo:
     (a) una hoja de nopal.
     (b) una flor.
     (c) una serpiente.

  2. Tenochtitlán era el nombre:
     (a) del dios de la guerra.
     (b) de la ciudad de México.
     (c) del emperador azteca.

  3. Los aztecas se establecieron en:
     (a) una isla del lago Texcoco.
     (b) las orillas del gran lago.
     (c) los volcanes.

  4. Los aztecas sacrificaban a sus prisioneros para ofrecer a su dios:
     (a) el corazón palpitante.
     (b) la sangre.
     (c) la cabeza.

  5. Los aztecas abrieron el pecho de sus víctimas con un cuchillo de:
     (a) madera.
     (b) hierro.
     (c) piedra.

  6. Copil es el héroe porque era:
     (a) bueno e inteligente.
     (b) malo y vengativo.
     (c) cruel y poderoso.

  7. Los sacerdotes cruzaron el lago:
     (a) nadando.
     (b) en sus canoas.
     (c) por tierra.

  8. Enterraron el corazón de Copil:
     (a) en el lago.
     (b) debajo de un árbol.
     (c) entre rocas y mala hierba.

9. La planta que creció tenía flores:
   (a) amarillas.
   (b) rojas.
   (c) azules.

10. Los aztecas construyeron su ciudad en el lago porque:
    (a) vieron a un águila posada sobre un nopal con una serpiente en el pico.
    (b) era un buen lugar y ofrecía mucha protección de sus enemigos.
    (c) allí podían conseguir abundante pesca.

**B. Describa lo siguiente con las palabras dadas, formando frases completas.**
1. Copil: tribu pacífica / sobrino de Huitzilopochtli / joven / valiente / hermoso / cuerpo atlético / hábil / noble.
2. Huitzilopochtli: dios de la guerra / exigía ofrendas / corazones humanos / luchemos / vecinos.
3. Los aztecas: fieles / obedecer los mandatos / batallas / recibieron señal / establecieron ciudad.
4. El supremo sacerdote: sacó cuchillo / partió pecho / sacó corazón.
5. Nopal: hojas ovaladas / flores rojas / águila / serpiente / pico.

**C. Conteste las siguientes preguntas:**
1. ¿Dónde se conoce mejor el nopal?
2. ¿Eran salvajes los aztecas?
3. ¿En qué año llegaron los primeros aztecas al valle de México?
4. ¿Cómo se llamaba el lago del valle de México?
5. ¿Cómo era la tribu de Copil?
6. ¿Cuántos hombres llevaba Copil consigo en el viaje hacia el sur?
7. ¿Dónde descansaron al llegar al lago?
8. ¿Quién mató a Copil?
9. ¿Qué hicieron con el corazón de Copil?
10. Según la leyenda, ¿de qué creció el nopal?

**D. Indique el infinitivo que corresponde a cada una de las palabras siguientes:**

| | | |
|---|---|---|
| 1. abundancia | 8. esperanza | 15. sabio |
| 2. señal | 9. sorpresa | 16. salto |
| 3. poderoso | 10. vuelta | 17. brillante |
| 4. rodeo | 11. edificio | 18. servidor |
| 5. mandato | 12. caza | 19. obediente |
| 6. vista | 13. salida | 20. sacrificio |
| 7. aflicción | 14. compañero | |

**E. Recordando qué, quién y dónde, lea el nombre en la primera columna y escoja la respuesta de la segunda.**

| | |
|---|---|
| 1. Tenochtitlán | isla griega |
| 2. Bolívar | astronauta |
| 3. Zócalo | historiador y autor peruano |
| 4. Tunja | región en el sur de España |
| 5. Carlos I | bahía en Puerto Rico |
| 6. Oaxaca | libertador |
| 7. Ricardo Palma | plaza en México, D. F. |
| 8. Señor Sapo | isla venezolana |
| 9. Margarita | rey de España |
| 10. Aguada | ciudad antigua de Colombia |
| 11. Ahuizolt | estado de México |
| 12. Guaraníes | indios de la América del Sur |
| 13. Creta | rey azteca |
| 14. Andalucía | capital de los aztecas |

# Vocabulario español-inglés

## A

**a** to, at, from, by, on; **a pesar de** in spite of; **a los pocos . . .** a few . . . later

**abajo** down, under; **de arriba abajo** from top to bottom

**abandonar** to abandon

**abandono** (*m.*) abandonment, neglect

**abierto** open, opened

**abogado** (*m.*) lawyer

**abrazar (c)** to embrace

**abrazo** hug

**abrigo** (*m.*) shelter

**abrir** to open; **en un abrir y cerrar de ojos** in the twinkling of an eye

**abrochar** to clasp, to fasten

**abundancia** (*f.*) abundance

**abundar** to abound

**acabar(se)** to finish, end; **acabar de** to have just

**acariciar** to caress

**acceder** to accede

**acerca de** concerning, about

**acercarse (qu) (a)** to approach

**acero** (*m.*) steel

**acomodar(se)** to fit

**acompañar** to accompany

**aconsejar** to advise

**acordarse (ue) (de)** to remember

**acostumbrar(se) (a)** to become accustomed to

**acreedor** (*m.*) creditor

**actitud** (*f.*) attitude, position

**acudir** to hasten, come or go to the rescue

**acuerdo** (*m.*) agreement; **estar de acuerdo** to agree; be in agreement

**acumular** to accumulate

**acusar** to accuse

**adelantar** to advance; **adelantarse** to take the lead

**adelante** forward, ahead; **en adelante** from now on, henceforth

**además** besides

**adentrarse** to enter

**adentro** inside, within

**adivino** (*m.*) soothsayer

**admiración** (*f.*) admiration, wonder

**admirar** to admire, astonish

**adoración** (*f.*) adoration

**adornar** to adorn

**adquirir (ie)** to acquire

**adulador** (*m.*) flatterer

**advertir (ie,i)** to warn

**afecto** (*m.*) kindness, affection

**afilado** sharp

**afligir (j)** to distress, trouble; **afligirse** to grieve

**afortunado** fortunate, happy

**afuera** outside

**agitar** to wave, upset, agitate

**agobiar** to oppress

**agotar** to exhaust

**agradar** to please, like

**agradecer (zc)** to thank, be grateful for

**agricultor** (*m.*) farmer

**aguacero** (*m.*) heavy shower of rain

**Aguada** (*f.*) coastal village in Puerto Rico where Columbus landed in 1493

**aguada** (*f.*) water on board a ship, drinkable water

**agudo** sharp

**águila** (*f.*) eagle

**agujero** (*m.*) hole

**ahogar (gu)** to drown

**ahora** now; **ahora mismo** right now

**ajustar** to adjust

**ala** (*f.*) wing

**alba** (*f.*) dawn

**aldea** (*f.*) small village

**alegrar(se)** to make happy, be happy

**alegría** (*f.*) cheerfulness, happiness

**Alejandro** Alexander

**alejar(se)** to move (something) away, go away
**aleta** (*f.*) fin of a fish
**alfarero** (*m.*) potter
**alfiler** (*m.*) pin
**algo** something
**alguno** some
**alimentado** fed
**alimento** (*m.*) food
**alistar** to enlist
**allí** there
**alma** (*f.*) soul; **con toda el alma** with all my heart
**alrededor** around
**altivo** haughty, overbearing
**alto** tall, high; **en voz alta** out loud, in a loud voice
**altura** (*f.*) height
**alumbrar** to light
**alzar (c)** to hoist
**amable** kind
**amanecer** (*m.*) dawn, daybreak
**amante** (*m.*) lover
**amar** to love
**amenazador** threatening
**amenazar (c)(con)** to threaten
**amistad** (*f.*) friendship; **amistades** friends
**amistoso** friendly
**amo** (*m.*) master, owner
**amor** (*m.*) love
**amuleto** (*m.*) amulet
**anciano** old, aged
**ancianos** (*m. pl.*) elders
**anclar** to anchor
**ancho** broad, large
**andar** to walk, to be, to go; **andar en lenguas** to be much talked of
**anfitrión** (*m.*) host
**angustiado** anguished
**angustiar** to cause anguish, afflict
**angustioso** distressing, alarming
**anillo** (*m.*) ring
**animación** (*f.*) animation, liveliness
**animar** to cheer, encourage, liven up; **animarse** to cheer up
**ánimo** (*m.*) courage
**anochecer (zc)** to grow dark (at the approach of night)

**anónimo** anonymous
**ansiedad** (*f.*) anxiety
**ansioso** anxious, eager
**ante** in the face of, before
**antepasado** (*m.*) ancestor
**antes** before; **antes de** before; **antes que** before
**antiguo** ancient, old
**anunciar** to announce
**anuncio** (*m.*) announcement
**añadir** to add
**apadrinar** to be a godfather
**aparecer (zc)** to appear
**aparecido** (*m.*) ghost
**aparentemente** apparently
**aparición** (*f.*) apparition
**apariencia** (*f.*) appearance
**apartar** to separate
**aparte** aside
**apenar** to make sad
**apenas** barely, scarcely
**aplaudir** to applaud
**apoderar(se) (de)** to take possession of
**apodo** (*m.*) nickname
**apostar (ue)** to bet
**apoyar** to support
**aprecio** (*m.*) appreciation, esteem
**apresurar(se)** to hurry (up)
**apretar (ie)** to press, crowd
**apropiado** appropriate
**aprovechar(se) (de)** to take advantage of
**aproximar(se) (a)** to approach
**apuesta** (*f.*) bet
**apuntar** to aim
**apurar(se)** to hurry, to worry, grieve
**apuro** (*m.*) trouble
**árabe** Arabian
**árbol** (*m.*) tree
**arco** (*m.*) bow for projecting
**arcón** (*m.*) large chest
**arder** to burn
**arena** (*f.*) sand
**aristocrático** aristocratic
**arma** (*f.*) weapon
**armadura** (*f.*) armor
**armar** to arm
**armonioso** harmonious

**arrancar (qu)** to pull out; **arrancar de raíz** to root out or up
**arreglar** to arrange
**arriba** up, over; **de arriba abajo** from top to bottom
**arriesgar (gu)** to risk
**arrodillar(se)** to kneel
**arrojar** to throw
**arroz** (*m.*) rice
**artillería** (*f.*) artillery, cannon
**artillero** (*m.*) artilleryman, gunner
**asegurar** to assure
**asesino** (*m.*) assassin
**así** thus, so
**asilo** (*m.*) shelter; **asilo para (de) huérfanos** orphanage
**asistir (a)** to attend
**asombrar** to astonish, amaze
**asombro** (*m.*) astonishment, amazement
**aspecto** (*m.*) aspect, look
**astronauta** (*m. & f.*) astronaut
**astucia** (*f.*) astuteness, cunning
**asunto** (*m.*) affair, matter
**asustar** to frighten
**atacar (qu)** to attack
**aterrorizar (c)** to terrify
**atlético** athletic
**atrás** behind
**atreverse (a)** to dare to
**aumentar** to increase
**aun** even
**aún** still, yet
**aunque** although
**aurora** (*f.*) dawn
**ausente** away, absent
**auxilio** (*m.*) aid
**avanzar (c)** to advance
**avaro** miserly
**avaro** (*m.*) miser
**ave** (*f.*) bird
**aventura** (*f.*) adventure
**aventurero** (*m.*) adventurer
**avergonzar(se) (ue) (c)** to be ashamed
**avisar** to inform, advise
**ayudar** to help
**azteca** of the Aztecs
**azteca** (*m. & f.*) Aztec

# B

**bahía** (*f.*) bay
**bailar** to dance
**bailarín** (*m.*) dancer, dancing
**baile** (*m.*) dance
**bajar(se)** to go down, lower, descend, to get off, get down
**bajo** low, short, under, underneath, below; **en voz baja** in a low (soft) voice
**bajo** (*m.*) bass; **cantar de bajo** to sing in a bass voice
**balística** (*f.*) ballistics
**bancarrota** (*f.*) bankruptcy
**banda** (*f.*) band
**bandada** (*f.*) flock, group
**banderola** (*f.*) streamer, pennant
**bandido** (*m.*) bandit
**bando** (*m.*) proclamation, edict
**bañar(se)** to bathe
**barba** (*f.*) beard
**barco** (*m.*) boat
**barrer** to sweep
**barro** (*m.*) clay
**barrio** (*m.*) neighborhood
**basar** to rest upon, to be based
**base** (*f.*) base, basis
**bastón** (*m.*) cane
**batalla** (*f.*) battle
**batería** (*f.*) battery
**baúl** (*m.*) trunk
**belicoso** warlike
**belleza** (*f.*) beauty
**bello** beautiful
**bendecir (i, j)** to bless; **Dios lo (le) bendiga** God bless you
**benévolo** kind, gentle
**bien** (*m.*) goodness, benefit; **bienes** property, riches, assets
**bienestar** (*m.*) comfort, well-being
**bienvenida** (*f.*) welcome; **dar la bienvenida** to bid welcome
**bienvenido** welcome
**blando** soft
**bobo** foolish
**bobo** (*m.*) fool, dunce
**boca** (*f.*) mouth
**bocado** (*m.*) morsel
**boda** (*f.*) wedding

**bolsa** *(f.)* bag, purse
**bolsillo** *(m.)* pocket
**bomba** *(f.)* bomb
**bondadoso** kind, good
**bonito** pretty
**boquiabierto** having the mouth open; amazed
**bordar** to embroider
**borde** *(m.)* border
**bordo** *(m.)* board; **a bordo** on board (ship)
**Boriquén** *(m.)* name given by Arauca Indians of pre-Columbian era to the island of Puerto Rico; **Borinquén** *(m.)* hispanicized form of **Boriquén**
**borinqueño** Puerto Rican
**bosque** *(m.)* forest, woods
**bote** *(m.)* boat
**botica** *(f.)* drugstore
**botín** *(m.)* booty
**bramar** to roar
**breve** brief
**brillante** brilliant, bright
**brillar** to shine
**brisa** *(f.)* breeze
**broma** *(f.)* joke
**burla** *(f.)* fun, trick
**burlar(se) (de)** to make fun of, to laugh at
**buscar (qu)** to look for
**búsqueda** *(f.)* search

# C

**caballero** *(m.)* gentleman
**cabello** *(m.)* hair
**cabo** *(m.)* corporal, end, extreme; **llevar a cabo** to carry out
**cacería** *(f.)* hunting, hunt
**cacique** *(m.)* chief (Indian)
**cadena** *(f.)* chain
**caer(se)** to fall (down)
**cajón** *(m.)* coffin
**calandria** *(f.)* lark
**calar** to place
**calavera** *(f.)* skull
**calentar (ie)** to heat, warm

**callejón** *(m.)* narrow street, alley
**calmar** to calm, soothe
**calvo** bald
**calza** *(f.)* long, loose breeches, trousers, stockings
**cambiar** to change, exchange
**caminante** *(m.)* traveler, walker
**camino** *(m.)* road; **en camino** on the way; **ponerse en camino** to start out
**camisa** *(f.)* chemise, slip, shirt
**campana** *(f.)* bell
**campesino** *(m.)* farmer, peasant
**campestre** rural
**canal** *(m.)* channel, ditch
**canoa** *(f.)* canoe
**cansancio** *(m.)* tiredness
**cansar(se)** to tire, get tired
**cantante** *(m. & f.)* singer
**cántaro** *(m.)* pitcher; **llover a cántaros** to rain bucketsful
**canto** *(m.)* song
**cantor** *(m.)* singer
**cañón** *(m.)* cannon
**capa** *(f.)* cape, cloak
**capaz** capable; **ser capaz de** to be able
**capilla** *(f.)* chapel
**capitana** *(f.)* admiral's ship
**caprichoso** whimsical, capricious
**capucha** *(f.)* cowl or hood of a friar
**cara** *(f.)* face
**caracol** *(m.)* conch shell
**cárcel** *(f.)* prison
**carcelero** *(m.)* jailer
**cargado (de)** loaded (with)
**cargar (gu)** to carry (a load)
**cariño** *(m.)* affection
**cariñoso** affectionate
**caritativo** charitable
**carrera** *(f.)* race; **carrera tendida** at full speed
**casar(se)** to marry, get married
**cascabel** *(m.)* small bell, rattle
**caso** *(m.)* case; **hacer caso** to pay attention
**castellano** *(m.)* Spanish
**causa** *(f.)* cause
**cautivar** to captivate
**cavar** to dig

**caza** (*f.*) hunting, hunt
**cazar** (**c**) to hunt
**celda** (*f.*) cell
**célebre** celebrated, famous
**celeste** heavenly
**centenar** (*m.*) hundred
**céntimo** (*m.*) centime (¹⁄₁₀₀ part of a peseta)
**cerca** (*f.*) fence
**cercano** nearby, neighboring
**cerdo** (*m.*) pig
**cerro** (*m.*) hill
**certero** excellent (shot), well-aimed
**certeza** (*f.*) certainty
**cesar** to cease
**charlar** to chat
**chasco** (*m.*) disappointment; **dar un chasco** play a trick
**chisme** (*m.*) gossip
**Cid (el)** Title given to the Castilian epic hero, Ruy Díaz de Vivar, who lived in the 11th century
**ciego** blind
**cielo** (*m.*) sky, heaven
**cima** (*f.*) hilltop
**cinto** (*m.*) belt
**cinturón** (*m.*) belt
**clarín** (*m.*) trumpet
**claro** clear
**claro** (*m.*) opening, space
**claustro** (*m.*) cloister
**clavar** to stick, fasten (in)
**clave** (*f.*) key (to a problem or riddle)
**coche** (*m.*) coach, carriage
**cochero** (*m.*) coachman
**coger** (**j**) to catch, take
**cojera** (*f.*) lameness
**cojo** lame
**cola** (*f.*) tail
**colgar** (**ue,gu**) to hang (up)
**colibrí** (*m.*) hummingbird
**colmar** to heap (up), confer (great honors)
**colocar** (**qu**) to place, locate
**columna** (*f.*) column
**combatir** to combat
**comentar** to comment

**comodidad** (*f.*) comfort
**compadecido** touched
**compañero** (*m.*) companion, mate, friend
**compartir** to share
**compás** (*m.*) measure, rhythm (in music)
**compasión** (*f.*) compassion
**compasivo** compassionate, sympathetic
**compensar** to compensate
**completo** complete; **por completo** completely
**componer** to compose
**compra** (*f.*) purchase
**comprar** to buy
**compuesto** composed (of)
**común** common
**concurrencia** (*f.*) assembly
**condenar** to condemn
**conducir** to conduct, lead
**confesión** (*f.*) confession
**confianza** (*f.*) confidence; **con toda confianza** freely
**confiar** to trust, have confidence
**confortar** to comfort
**confundir** to confuse
**conmemorar** to commemorate
**conmover** (**ue**) to disturb, touch
**conquista** (*f.*) conquest
**conquistar** to conquer
**conseguir(se)** (**i**) to get, succeed
**consejo** (*m.*) counsel
**consentir** (**ie**) (**i**) to consent
**conservar** to keep
**consolar** (**ue**) to console
**construir** (**y**) to construct
**consuelo** (*m.*) consolation
**consulta** (*f.*) consultation
**contento** happy, content
**contentamiento** contentment
**continuar** to continue
**continuo** continuous, continual
**contorno** (*m.*) vicinity
**convenio** (*m.*) pact
**convenir** (**ie**) (**i**) to agree, to fit, to be suitable
**convertir** (**ie**) (**i**) to convert, change
**convincente** convincing

**copioso** copious
**coquetear** to flirt
**coraje** (*m.*) courage
**corazón** (*m.*) heart
**cordillera** (*f.*) mountain range
**cordón** (*m.*) cord, string
**coro** (*m.*) chorus
**coronar** to complete, finish
**corregir (i) (j)** to correct,
straighten out
**corregirse (i) (j)** to mend one's
ways
**corsario** (*m.*) pirate
**corte** (*f.*) court
**cortejar** to court, make love to
**cortés** courteous
**cortesía** (*f.*) courtesy
**cosecha** (*f.*) crop, harvest
**costa** (*f.*) coast
**costoso** costly, expensive
**costura** (*f.*) seam
**crear** to create
**crecer (zc)** to grow
**criado** (*m.*) servant
**criatura** (*f.*) creature, child
**criollo** (*m.*) Creole
**criticar (qu)** to criticize
**crítico** critical, decisive
**crónica** (*f.*) chronicle, a register of
events
**cruce** (*m.*) cross, crossing
**crujir** to rustle
**cruz** (*f.*) cross
**cruzar** to cross
**cuadra** (*f.*) block (of houses)
**cualquier, cualquiera** any
**cuando** when; **de vez en
cuando** occasionally
**cuanto** all, all that, as much as;
**cuanto antes** as soon as possible;
**en cuanto a** as for
**cubierto** covered
**cubrir** to cover
**cuento** (*m.*) story; **cuento de
hadas** fairy tale
**cuerpo** (*m.*) body
**cuidado** (*m.*) care; **tener cuidado
(de)** to be careful about
**cuidar(se)** to take care of
**culpabilidad** (*f.*) guilt

**culto** elegant, correct, well informed
**cultura** (*f.*) culture
**cumplir (con)** to accomplish, to
carry out; complete
**cuna** (*f.*) cradle
**curandero** (*m.*) one who serves as
a doctor without being one,
medicine man
**curar** to cure
**cuyo** whose

# D

**daga** (*f.*) dagger
**danzar (c)** to dance
**daño** (*m.*) hurt, loss; **hacer daño
a** to hurt
**dar** to give; **dar a** to face; **darse
cuenta (de)** to realize; **dar la
bienvenida** to welcome; **dar
vuelta a** turn inside out
**debajo (de)** below, underneath
**deber** (*m.*) duty
**deber** must, ought, should, to owe;
**deber de** must be
**debido** due
**débil** weak, feeble
**decidir** to decide; **decidirse (a)** to
decide (to)
**decir(se) (i)** to say, tell; **es decir**
that is; **querer decir** to mean
**decorar** to adorn, decorate
**dedicar (qu)** to dedicate
**defecto** (*m.*) fault
**defensor** (*m.*) defender
**deidad** (*f.*) goddess, deity
**dejar(se)** to leave, allow; **dejar
de** to stop, fail (to)
**deleitar** to delight
**delgado** slender, slim
**deliberadamente** deliberately
**delicado** delicate
**demás** other, rest; **los demás** the
others
**demasiado** too, too much
**demora** (*f.*) delay
**denunciar** to denounce, proclaim
**depositar** to deposit

**derecho** right, straight
**derrota** (*f.*) defeat, overthrow
**desafinar** to be out of tune
**desagradable** disagreeable
**desaliento** (*m.*) discouragement
**desaparecer** (**zc**) to disappear
**desastre** (*m.*) disaster
**descansar** to rest
**descanso** (*m.*) rest
**descender** (**ie**) to descend
**desconocido** unknown, strange
**descontento** discontented
**descortés** discourteous
**describir** to describe
**descubierto** discovered
**descubrimiento** (*m.*) discovery
**descubrir** to discover
**desembarcar** (**qu**) to disembark
**desencadenar(se)** to break loose, unchain
**desesperación** (*f.*) desperation
**desesperado** desperate
**desesperar** to despair
**desgracia** (*f.*) misfortune
**deshonesto** dishonest
**desierto** (*m.*) desert
**desmayarse** to faint
**despedir(se)** (**i**) (**de**) to take leave of, say good-bye
**despertarse** to wake up
**desprender** to separate
**destino** (*m.*) destiny, destination
**destruir** (**y**) to destroy
**desventurado** unfortunate
**determinar** to determine
**detener(se)** (**ie**) to stop, detain
**deuda** (*f.*) debt
**devorar** to devour
**devoto** devout
**día** (*m.*) day; **al otro día** the following day; **de día** by day
**diablo** (*m.*) devil
**dibujar** to draw
**dicho** (*m.*) saying
**dicho** (*m.*) said, told; **dicho y hecho** no sooner said than done
**difunto** (*m.*) dead, dead person
**dignidad** (*f.*) dignity
**digno** worthy

**dios** (*m.*) god; **Dios** God; **Dios mediante** God willing
**diosa** (*f.*) goddess
**diplomático** diplomatic
**discurso** (*m.*) speech
**discutir** to argue
**disgustar** to displease
**disparar** to shoot
**disponer** to prepare, arrange; **disponerse a** to get ready to
**dispuesto** ready, prepared
**distinto** different
**divertir(se)** (**ie**) to amuse oneself
**divino** divine
**divisar** to discern
**docena** (*f.*) dozen
**dolor** (*m.*) pain
**dominio** (*m.*) dominion, control
**dondequiera** wherever
**dorar** to guild, as with gold
**dormido** asleep
**dormir** (**ue**) to sleep
**dote** (*m. & f.*) dowry
**ducado** (*m.*) old Spanish coin
**duda** (*f.*) doubt
**dudar** to doubt
**dudoso** doubtful
**dueño** (*m.*) owner
**durar** to last
**duro** (*m.*) Spanish coin

# E

**e** and
**echar** to throw; **echar flores** to compliment; **echarse** to lie down
**edificar** (**qu**) to construct
**edificio** (*m.*) building
**efecto** (*m.*) effect
**egoísmo** selfishness
**egoísta** selfish
**ejecutar** to perform, carry out
**ejército** (*m.*) army
**elegir** (**i**) (**j**) to choose
**elevar** to raise, lift
**embarcar(se)** (**qu**) to embark
**embargo** embargo; **sin embargo** however, nevertheless

**embozar (c)** to muffle the greater part of the face
**emisario** *(m.)* emissary
**emocionado** excited, happy
**empapar** to drench
**emperador** *(m.)* emperor
**empleo** *(m.)* employment
**emprender** to begin, start
**enamorar(se) (de)** to fall in love (with)
**enamorado** in love;
   **enamorados** lovers; **estar enamorado de** to be in love (with)
**encaje** *(m.)* lace
**encaminarse** to make one's way, to go, to take the road
**encantador** charming
**encantar** to charm, delight
**encanto** *(m.)* charm
**encapuchar** to cover a thing with a hood
**encargar (gu)** to charge, commission; **encargarse de** to take charge of
**encerrar (ie)** to enclose
**encomendar (ie)** to entrust
**encontrar (ue)** to find, meet;
   **encontrarse** to find oneself, to be, to be found; **encontrarse con** to meet, come upon, find out
**enfermedad** *(f.)* illness
**enfermo** sick, ill
**engañar** to deceive
**engaño** *(m.)* deceit, fraud, trick
**enojado** angry
**enojar** to anger, annoy;
   **enojarse** to become angry
**enojo** *(m.)* anger
**enseñanza** *(f.)* instruction, teaching
**enseñar** to show, teach
**enterarse (de)** to learn, find out
**entero** entire, whole
**enterrar (ie)** to bury
**entonces** then; **en aquel entonces** at that time
**entrada** *(f.)* entrance
**entre** between, among
**entregar (gu)** to deliver

**entretener (ie)** to entertain, amuse
**entristecer (zc)** to sadden, grieve
**entusiasmado** enthusiastic
**entusiasmo** *(m.)* enthusiasm
**envenenar** to poison
**enviar** to send
**envolver (ue)** to wrap
**envuelto** wrapped
**equivocar (qu)** to mistake; miss;
   **equivocarse** to make a mistake
**érase** there was once
**erguir (y) (i)** to raise up straight
**errante** wandering
**escalera** *(f.)* stairs
**escaparse** to escape
**escoger (j)** to choose
**esconder** to hide
**escondite** *(m.)* hiding place
**escopeta** *(f.)* shotgun
**escrito** written
**escuadra** *(f.)* squadron, fleet
**escudo** *(m.)* coat of arms, shield
**esfuerzo** *(m.)* effort
**esmero** *(m.)* care
**espada** *(f.)* sword
**espalda** *(f.)* back, shoulders
**espanto** *(m.)* ghost, fright
**espantoso** frightful
**espectador** *(m.)* spectator
**esperado** awaited; **tan esperado** long-awaited
**esperanza** *(f.)* hope
**esperar** to hope, wait (for)
**espeso** thick, dense
**espía** *(m. & f.)* spy
**esplendoroso** splendid, lavish
**espléndido** splendid
**esposo** *(m.)* husband
**espuma** *(f.)* foam
**esqueleto** *(m.)* skeleton
**establecido** established
**estacionamiento** *(m.)* parking
**estatua** *(f.)* statue
**estera** *(f.)* mat
**estimar** to esteem
**estrella** *(f.)* star
**estricto** strict
**estupor** *(m.)* amazement
**excitar** to excite, urge
**exclamar** to exclaim

**exigir (j)** to demand
**existir** to exist
**éxito** (*m.*) success; **tener éxito** to
 succeed
**expedición** (*f.*) expedition
**experimentar** to experience
**explicar** to explain
**exploración** (*f.*) exploration
**explorador** (*m.*) explorer
**explorar** to explore
**expresivo** expressive
**extender(se) (ie)** to extend, spread
 out
**extenso** extensive
**extraño** strange
**extraño** (*m.*) stranger
**extranjero** (*m.*) foreigner
**extremo** (*m.*) extreme

# F

**falda** (*f.*) skirt
**falta** (*f.*) lack, fault
**faltar** to lack
**familiar** (*m.*) one belonging to a
 family
**fantasmagórico** like a dream of
 apparitions or phantoms
**fatiga** (*f.*) fatigue, weariness
**fatigar (gu)** to tire, fatigue
**favorecer (zc)** to favor, protect
**fe** (*f.*) faith
**felicidad** (*f.*) happiness
**felizmente** happily, successfully
**feo** ugly
**feroz** fierce
**fértil** fertile
**festejar** to entertain
**fiado** trusting; **al fiado** upon trust
**fiar** to trust
**fiel** faithful
**fiera** (*f.*) wild beast
**figurar** to figure
**fijar(se)** to fix, look, notice
**fin** (*m.*) end; **al fin, por fin** finally;
 **al fin y al cabo** at last, after all; **a**
 **fin de cuentas** after all
**final** (*m.*) end

**fingir (j)** to feign, pretend
**firmar** to sign
**flaco** skinny
**Flandes** Flanders
**flaquear** to grow weak
**flauta** (*f.*) flute
**flecha** (*f.*) arrow
**flechar** to shoot an arrow, to
 wound with bow and arrow
**flor** (*f.*) flower
**florecer** to flower
**florero** (*m.*) vase
**flota** (*f.*) fleet (of ships)
**flotar** to float
**fondo** (*m.*) bottom; **a**
 **fondo** completely
**forastero** (*m.*) stranger
**fortaleza** (*f.*) fortress
**fortificación** (*f.*) fortification
**fortuna** (*f.*) fortune
**fragata** (*f.*) frigate
**frágil** fragile
**fraile** (*m.*) friar, brother, title used
 before names of certain clergy,
 especially those belonging to a
 religious order
**fray** (*m.*) friar, brother,
 contraction of *fraile*
**frente** in front, opposite; **enfrente**
 **de** in front of, opposite
**frondoso** leafy
**frontera** (*f.*) border
**fruto** (*m.*) fruit
**fuego** (*m.*) fire
**fuerte** strong
**fuerza** (*f.*) force
**fumar** to smoke
**funcionario** official in the
 government
**fundar** to found
**furia** (*f.*) fury
**furioso** furious
**fusilar** to shoot

# G

**galán** gallant, elegant
**galán** (*m.*) gallant (man)

**galeón** (*m.*) galleon, armed ship
**gallina** (*f.*) hen
**gana** (*f.*) desire; **de mala gana** unwillingly; **tener ganas de** to feel like, have a desire to
**ganado** (*m.*) cattle
**ganar(se)** to earn
**gasto** (*m.*) expense
**gemido** (*m.*) groan
**gemir (i)** to groan
**generala** (*f.*) alarm which calls troops to arms
**género** (*m.*) genre
**generoso** generous
**gente** (*f.*) people
**gentío** (*m.*) multitude
**gesto** (*m.*) gesture, expression
**gloria** (*f.*) glory; **estar en la gloria** to be very happy
**gobernador** (*m.*) governor
**gobernar (ie)** to govern
**golpe** (*m.*) blow
**golpear** to bruise, hit
**gorra** (*f.*) cap
**gota** (*f.*) drop
**gozar(se) (c)(de)** to enjoy
**gozo** (*m.*) joy, pleasure
**gozoso** joyful
**gracioso** graceful, gracious, amusing
**granizar (c)** to hail
**gratis** free, no charge
**gratitud** (*f.*) gratitude
**grato** pleasing, agreeable
**grave** grave, serious; low, deep (voice)
**griego** Greek
**grieta** (*f.*) fissure, opening
**gritar** to shout
**grito** (*m.*) shout; **dar un grito** to shout
**grueso** big, thick
**guapo** good-looking, handsome
**guaraní** pertaining to the Guaraní Indians who lived in Bolivia, Paraguay, and Argentina. These native Indians have practically disappeared from all countries except in the jungles of Paraguay where they still number about 30,000

**guaraní** (*m.*) member of the tribe of Guaranis
**guaraníes** (*m. pl.*) Guaranis
**guardar** to guard, keep
**guarnición** (*f.*) garrison
**guerra** (*f.*) war; **hacer guerra** to wage war
**guerrero** (*m.*) warrior
**guerrero** warlike
**guía** (*m. & f.*) guide
**guiar** to guide
**gusto** (*m.*) pleasure

# H

**hábil** clever, expert
**habilidad** (*f.*) skill, ability
**habitación** (*f.*) dwelling, room
**habitante** (*m. & f.*) inhabitant
**habitar** to dwell, live in
**habla** (*f.*) language, speech; **de habla española** Spanish-speaking
**hacer** to do, make; **hace** (expression of time) ago; **hacer amistades** to make friends; **hacer caso** to pay attention; **hacerse** to become; **hacer guerra** to wage war
**hacia** toward
**hacienda** (*f.*) ranch
**hallar** to find
**hambre** (*f.*) hunger
**hambriento** hungry, starved
**hazaña** (*f.*) heroic deed, exploit, feat
**hecho** (*m.*) deed
**hecho** done, made
**heredar** to inherit
**heredero** (*m.*) heir
**herencia** (*f.*) inheritance
**herida** (*f.*) wound
**herir (ie) (i)** to wound
**hermosura** (*f.*) beauty
**hidalgo** noble, chivalrous
**hidalgo** (*m.*) nobleman
**hierba** (*f.*) grass; **mala hierba** weed
**hilera** (*f.*) row
**historia** (*f.*) story; history

historiador (m.) historian
hogar (m.) home; hearth
hoja (f.) leaf
hondo deep
hombro (m.) shoulder
horrorizar to terrify, cause horror
hospitalidad (f.) hospitality
hoy today; hoy día nowadays
huella (f.) trace
huérfano (m.) orphan; asilo para
(de) huérfanos orphanage
huésped (m.) guest
huesudo bony
humilde humble
humo (m.) smoke

# I

ida (f.) departure; ida y
vuelta round trip
idioma (m.) language
igual equal, similar
iluminar to illuminate, light up
ilustre illustrious
imagen (f.) image
imitar to imitate
impaciencia (f.) impatience
impacientarse to become impatient
impecable impeccable, flawless
imperio (m.) empire
importar to be important
impresionado impressed
inca (m.) Inca, title of sovereigns
of Peru from 12th to 16th century.
Today people of the empire are
called Incas.
incaico referring to the Incas
incapaz incapable
incendio (m.) fire
incienso (m.) incense
inclinar(se) to incline, bow, bend
down
incluir (y) to include
incrédulo incredulous
increíble incredible
indicar (qu) to indicate
indígena native; Indian
indio Indian

indio (m.) Indian
inesperado unexpected
infeliz unhappy
influencia (f.) influence
informe (m.) information, report
ingrato ungrateful
injusticia (f.) injustice
inmigrante (m. & f.) immigrant
inmóvil immovable
inocente innocent, "fool"
inolvidable unforgettable
instante (m.) instant; al
instante instantly
institución (f.) institution
insulto (m.) insult
intensidad (f.) intensity
intento (m.) intent
interesar(se) to interest, be
interested in
internar to penetrate
interrumpir to interrupt
introducir to introduce, put into,
insert
inútil useless
invierno (m.) winter
invitado (m.) guest
invitar to invite
invocar (qu) to implore
isla (f.) island
isleta (f.) small island
istmo (m.) isthmus

# J

jamás ever, never
jardín (m.) garden; jardín
zoológico zoo
jarro (m.) jug, pitcher
jefe (m.) chief
jornada (f.) occasion, day's
journey, work day
joven young
joven (m. & f.) young man, young
woman
joya (f.) jewel
júbilo (m.) rejoicing
junto near; junto a next to;
juntos together

juramento *(m.)* oath
jurar to promise upon oath
justicia *(f.)* justice
juventud *(f.)* youth

# L

labio *(m.)* lip
labor *(f.)* work
lado *(m.)* side
ladrón *(m.)* robber, thief
lago *(m.)* lake
lágrima *(f.)* tear
lamentar to lament
lámina *(f.)* sheet of metal
lanzar(se) (c) to hurl; lanzar un grito to shout
largo long; a largo plazo in the long run; a lo largo de along the length of
lastimoso sad
leal loyal
lealtad *(f.)* loyalty
lector *(m.)* reader
lectura *(f.)* reading
legendario legendary
legítimo legitimate, legal
lejano distant
lejos far, far away
lengua *(f.)* language, tongue; andar en lenguas to be much talked of
lento slow
león *(m.)* lion
leopardo *(m.)* leopard
letra *(f.)* letter, manner of writing; a pie de la letra exactly
levantar(se) to raise, get up
levar anclas to weigh anchors
leve light, slight
ley *(f.)* law
leyenda *(f.)* legend
libertad *(f.)* liberty
libertador *(m.)* liberator
libertar to free
libra *(f.)* gold coin used in Peru
librar to free
lienzo *(m.)* linen
ligero swift

limeño *(m.)* native of the city of Lima
limpiar to clean
límpido crystal clear
limpio clean; sacar en limpio to clear up all doubts
lindo pretty
línea *(f.)* line, figure
liso smooth
lisonjero *(m.)* flatterer
listo ready
llama *(f.)* flame
llamada *(f.)* call
llave *(f.)* key
llegada *(f.)* arrival
llegado arrived; recién llegado newcomer
llegar (gu) to arrive, reach; llegar a ser to become
llenar to fill
lleno full, filled
llevar to take, carry, wear; to bear; llevar muletas to use crutches; llevar a cabo to carry out, achieve
llorar to weep, cry (over)
llover (ue) to rain; llover a cántaros to rain bucketsful
locura *(f.)* madness
losa *(f.)* flagstone
lucir (zc) to display, shine
lucha *(f.)* fight, struggle
luchar to fight
luego then, later, in a short time
lugar *(m.)* place
lugareño *(m.)* inhabitant of a village
Luis *(m.)* Louis, Lewis
lujo *(m.)* luxury
luminoso luminous, bright
luna *(f.)* moon
lunar *(m.)* mole
luz *(f.)* light

# M

macana *(f.)* wooden weapon in use among ancient Indians of Mexico and Peru, generally edged with a sharp flint

**maceta** (*f.*) flowerpot
**machincuepa** (*f.*) somersault
**madera** (*f.*) wood
**madrugada** (*f.*) dawn
**maduro** ripe; mature
**maestría** (*f.*) mastery
**magia** (*f.*) magic
**magnífico** magnificent
**maitines** (*m. pl.*) matins, prayers
sung at midnight or dawn
**majestuoso** majestic
**mal** (*m.*) evil
**malgastar** to misspend, waste
**malo** bad; **de mala
gana** unwillingly; **mala
hierba** weed
**mancebo** (*m.*) youth
**mancha** (*f.*) spot, blemish
**manchar** to stain, spot
**mandar** to send, command, order
**mandato** (*m.*) mandate, order
**mando** (*m.*) command
**manejar** to handle
**manejo** (*m.*) handling,
management
**manera** (*f.*) manner, way
**manga** (*f.*) sleeve
**mano** (*f.*) hand
**manojo** (*m.*) bundle, bunch
**manso** meek, tame
**mantel** (*m.*) tablecloth, altarcloth
**mantener** to maintain, keep up
**manto** (*m.*) cloak, mantle
**mar** (*m. & f.*) sea; **alta mar** high
sea
**maravilloso** marvelous
**marca** (*f.*) mark
**marcha** (*f.*) march, journey;
**ponerse en marcha** to begin, to
move
**marchar** to walk, go; **marcharse** to
go away, leave for
**marcial** martial, military
**marear(se)** to be seasick
**margariteño** (*n.*) native of the
island of Margarita
**marido** (*m.*) husband
**marimba** (*f.*) kind of xylophone
**más** more
**mástil** (*m.*) mast

**matador** (*m.*) killer, slayer
**matar** to kill
**mate** (*m.*) tea made from leaves of
a shrub called yerba mate
**matrimonio** (*m.*) marriage, married
couple
**maya** Maya, Indian people of
Guatemala, El Salvador,
Honduras and southern Mexico
**mecer** (**zc**) to stir, to rock
**medalla** (*f.*) medallion, medal
**medianoche** (*f.*) midnight
**mediante** by means of, mediating
**medicina** (*f.*) medicine
**médico** medical, medicinal
**médico** (*m.*) physician
**medio** half, middle; **medio
dormido** half asleep
**medir** (**i**) to measure
**mejorar(se)** to improve, get
better
**melodioso** melodious
**mencionar** to mention
**mensaje** (*m.*) message
**mensajero** (*m.*) messenger
**mente** (*f.*) mind
**menudo** small, little; **a menudo**
often
**merecer** (**zc**) to deserve, merit
**mes** (*m.*) month
**meter(se)** to put (in), place
**método** (*m.*) method
**metro** (*m.*) meter (39.37 inches)
**miedo** (*m.*) fear; **tener miedo** to be
afraid
**miembro** (*m.*) member
**mientras** while; **mientras
tanto** meanwhile
**milagro** (*m.*) miracle
**milagroso** miraculous
**militar** military
**militar** (*m.*) soldier
**millar** (*m.*) thousand
**mimar** to indulge, spoil
**mimos** (*m. pl.*) indulgences
**minuto** (*m.*) minute; **a los pocos
minutos** in a few minutes
**mirlo** blackbird
**misa** (*f.*) mass
**misionero** (*m.*) missionary

**mismo** same, very, self; **ahora
mismo** right now
**misterio** (*m.*) mystery
**misterioso** mysterious
**mitad** (*f.*) half, middle
**modo** (*m.*) manner, way; **de otro
modo** otherwise
**mojar(se)** to wet, get wet
**molestar(se)** to bother
**molestia** (*f.*) bother, annoyance
**moneda** (*f.*) coin
**monja** (*f.*) nun
**monje** (*m.*) monk
**montaña** (*f.*) mountain
**montar** to mount
**montecillo** (*m.*) small mountain
**montón** (*m.*) heap, pile
**morir (ue) (u)** to die
**mostrar (ue)** to display, show;
**mostrarse** to appear
**mover(se) (ue)** to move
**mudo** mute, silent
**mueble** (*m.*) a piece of furniture;
**los muebles** furniture
**muelle** (*m.*) pier
**muerte** (*f.*) death
**muerto** (*m.*) corpse
**muerto** dead
**muleta** (*f.*) crutch; **llevar
muletas** to use crutches
**mundial** worldwide
**mundo** (*m.*) world
**murmurar** to murmur
**música** (*f.*) music
**músico** (*m.*) musician

# N

**nacer (zc)** to be born, to grow
(speaking of plants)
**nacimiento** (*m.*) birth
**nadar** to swim
**nana** (*f.*) child's nurse
**Nápoles** Naples, ancient kingdom
in Italy and its capital
**nave** (*f.*) ship
**navegar** to navigate, sail
**Navidad** (*f.*) Christmas Day

**navideño** belonging to the time of
Christmas
**necesitar(se)** to need, be necessary
**negro** black, dismal, gloomy
**nervioso** nervous
**ni** neither, nor, not even;
**ni . . . ni** neither . . . nor;
**ni siquiera** not even
**noble** noble, illustrious
**noble** (*m.*) nobleman
**nobleza** (*f.*) nobility
**nocturno** nightly, nocturnal
**nopal** (*m.*) kind of cactus
**noroeste** northwest
**norte** (*m.*) north
**notar** to notice, note
**notario** (*m.*) notary
**noticia** (*f.*) notice, information,
news (item); **las noticias** news
**novia** (*f.*) bride, sweetheart
**novio** (*m.*) bridegroom, sweetheart
**nube** (*f.*) cloud
**Nueva España** (*f.*) Mexico
**nuevo** another, new; **de
nuevo** again
**nutritivo** nourishing

# O

**o** or; **o . . . o** either . . . or
**obedecer (zc)** to obey
**obispo** (*m.*) bishop
**objeto** (*m.*) object
**obligar (gu)** to oblige
**obra** (*f.*) work
**obstinado** obstinate
**obtener (ie)** to obtain
**ocultar** to conceal, hide
**oculto** concealed, hidden
**ocupar(se)** to occupy, occupy
oneself
**ocurrir** to occur, happen
**ochavo** (*m.*) old Spanish coin of
smallest value
**oeste** (*m.*) west
**oficio** (*m.*) occupation
**ofrecer(se) (zc)** to offer, be offered
**ofrenda** (*f.*) gift, offering

**¡ojalá!** I wish (that), I hope (that)
**ola** *(f.)* wave
**olvidar** to forget; **olvidarse de** to
  forget
**onza** *(f.)* ounce
**opinión** *(f.)* opinion
**oprimir** to overpower, crush
**orden** *(m.)* order (arrangement)
**orden** *(f.)* order, command,
  military or religious order; **a sus
  órdenes** at your service;
  *(m.)* order (methodical)
**orgullo** *(m.)* pride
**orgulloso** proud
**orilla** *(f.)* shore
**orquídea** *(f.)* orchid
**oro** *(m.)* gold
**oscurecer (zc)** to obscure, darken
**oscuridad** *(f.)* darkness
**oscuro** obscure, dark

# P

**pabellón** *(m.)* pavilion
**paciente** patient
**paciente** *(m. & f.)* patient
**pacífico** peaceful
**padrinos** *(m. pl.)* godparents
**pago** *(m.)* payment
**país** *(m.)* country
**pájaro** *(m.)* bird
**palacio** *(m.)* palace
**pálido** pale
**Palma, Ricardo** (1833–1919),
  famous Peruvian author and
  historian
**palma** *(f.)* leaf of a palm tree
**palmera** *(f.)* palm tree
**paloma** *(f.)* dove
**palpitante** palpitating
**parada** *(f.)* stop
**paraíso** *(m.)* paradise
**parar** to stop; **pararse** to stop,
  stand up
**parecer(se) (zc)** to seem, appear,
  resemble
**parecido** similar
**pareja** *(f.)* pair (of people), couple

**pariente** *(m.)* relative
**parpadear** to wink
**participar** to participate
**partida** *(f.)* departure
**partir** to leave, split, cut in half
**pasado** *(m.)* past; **pasados unos
  momentos** after several moments
  had gone by
**pasado** past
**pasajero** *(m.)* passenger
**pasar** to pass, happen, go by,
  suffer; **pasar la pena negra** to
  suffer great misery
**pasear(se)** to walk, take a walk
**paseo** *(m.)* walk, stroll
**paso** *(m.)* pace, step, pass
**pasto** *(m.)* fodder; pasture
**pata** *(f.)* foot, leg, paw of an
  animal
**patria** *(f.)* native country
**paz** *(f.)* peace
**pecho** *(m.)* breast, heart; **tomar a
  pecho** to take seriously or to heart
**pedazo** *(m.)* piece; **hecho
  pedazos** torn to pieces
**pedir (i)** to ask (for), request
**pegar (gu)** to beat, strike; **pegar
  fuego (a)** to set fire to
**pelado** hairless, without resources;
  **estar pelado** to be penniless
**pelea** *(f.)* fight, combat
**pelear** to fight
**peligro** *(m.)* danger
**peligroso** dangerous
**pelo** *(m.)* hair; **no tener ni un
  pelo** to be just the opposite; not
  to have a clue
**peluca** *(f.)* wig
**pena** *(f.)* sorrow, hardship; **pena
  negra** great misery
**pensamiento** *(m.)* thought
**pensar (ie)** to think, intend,
  consider
**perder (ie)** to lose
**pérdida** *(f.)* loss
**perdiz** *(f.)* partridge
**permanecer (zc)** to remain
**perplejo** perplexed, bewildered
**persistir** to persist
**personaje** *(m.)* character, person

**pertenecer (zc)** to belong
**perturbar** to disturb
**peruano** Peruvian
**pesadilla** (*f.*) nightmare
**pesado** heavy
**pésame** (*m.*) expression of sympathy
**pesar** to weigh; **a pesar de** in spite of, even though
**pesca** (*f.*) fishing
**pescador** fishing
**pescador** (*m.*) fisherman
**pescar (qu)** to fish
**pez** (*m.*) fish
**pico** (*m.*) bill, beak
**piedad** (*f.*) pity
**piedra** (*f.*) stone
**piel** (*f.*) skin
**pierna** (*f.*) leg
**pintar** to paint
**pintoresco** picturesque
**piñata** (*f.*) decorated earthen jar of sweetmeats hung from the ceiling and broken by a blindfolded person, using cane or stick
**pirata** (*m.*) pirate
**piropo** (*m.*) compliment
**plantar** to plant
**plata** (*f.*) silver
**plataforma** (*f.*) platform
**plátano** (*m.*) kind of banana
**plateado** silver (colored)
**plato** (*m.*) plate
**playa** (*f.*) beach
**pluma** (*f.*) feather
**plumaje** (*m.*) plumage
**población** (*f.*) population
**pobretón** (*m.*) very poor person
**pobreza** (*f.*) poverty
**poco** little, few; **a los pocos minutos** a few minutes later; **poco a poco** little by little
**poder** (*m.*) power
**poder (ue) (u)** to be able, can, may
**poderoso** powerful
**poner** to put, place; **ponerse** to put on; **ponerse a** to begin; **ponerse en camino** to start out; **ponerse en marcha** to start to move; **ponerse triste** to become sad
**popa** (*f.*) (nautical) poop, stern

**por** by, for, through, during; **por eso** therefore, for that reason; **por favor** please; **por supuesto** of course
**portarse** to behave, act
**posada** (*f.*) lodging, Christmas celebration
**posar** to perch
**poseer** to possess
**postizo** artificial, false
**pozo** (*m.*) well
**practicar (qu)** to practice
**prado** (*m.*) meadow
**preciado** valuable, precious
**precio** (*m.*) price
**precioso** precious, lovely
**predecir (i)** to foretell, predict
**predestinación** (*f.*) predestination
**predicho** foretold
**preferir (ie) (i)** to prefer
**premiar** to reward, award (a prize)
**premio** (*m.*) prize
**prenda** (*f.*) pledge of friendship, garment
**preocuparse** to be concerned, worry
**preparativo** (*m.*) thing prepared
**presencia** (*f.*) presence
**presenciar** to witness, be present
**presente: en el presente** at the present time
**presentimiento** (*m.*) presentiment
**prestar** to lend
**pretender** to pretend
**pretexto** (*m.*) pretext
**prevenir (ie) (i)** to prepare, advise, caution
**previo** previous
**primavera** (*f.*) spring
**princesa** (*f.*) princess
**príncipe** (*m.*) prince
**prisa** (*f.*) haste; **tener prisa** to be in a hurry
**prisión** (*f.*) prison
**prisionero** (*m.*) prisoner
**privar** to deprive
**proa** (*f.*) (nautical) prow of a ship; **hacer proa** to turn the prow
**probar (ue)** to prove, try
**profecía** (*f.*) prophecy
**profundo** deep, profound

**prohibido** prohibited
**promesa** (*f.*) promise
**prometer** to promise
**pronto** quick, soon; **de
pronto** suddenly
**propio** own, self, suitable
**proporcionar** to provide with,
furnish, supply
**propósito** (*m.*) purpose; **a
propósito** by the way
**propuesto** proposed
**proseguir** (**i**) to continue, pursue
**prosperar** to prosper
**prosperidad** (*f.*) prosperity
**protección** (*f.*) protection
**proteger** (**j**) to protect
**provecho** (*m.*) benefit, gain, profit
**provechoso** profitable
**provenir** (**ie**) (**i**) to proceed from,
originate
**proyectar** to project, scheme,
throw
**proyecto** (*m.*) plan, project
**prudencia** (*f.*) prudence
**prueba** (*f.*) test, proof
**pueblo** (*m.*) town, people, nation
**puente** (*m.*) bridge, deck of a
ship
**puertorriqueño** Puerto Rican
**pues** since, then, well
**puesta del sol** (*f.*) sunset
**puesto** (*m.*) place, position
**puesto** put; **puesto que** since,
seeing that
**punta** (*f.*) point
**puntería** (*f.*) aim, the act of
pointing firearms
**puntiagudo** sharp-pointed
**punto** (*m.*) point; **a punto de**
on the point of
**puro** pure, simple

# Q

**que en paz descanse** may he (she)
rest in peace
**quedar(se)** to be, be left, remain,
stay

**queja** (*f.*) complaint
**quejar(se)** to complain
**quemar** to burn
**querido** beloved, dear
**quetzal** (*m.*) monetary unit of
Guatemala; tropical bird of
brilliant plumage, the national
symbol of Guatemala
**quiché** referring to the Quiche
tribe of Guatemala
**quiché** (*m.*) name of Indian tribe
of Guatemala
**quitar(se)** to take off, move away;
**¡quítate de ahí!** away with you!

# R

**rabia** (*f.*) rage
**Raimundo** Raymond
**raíz** (*f.*) root
**rama** (*f.*) branch of a tree
**ramita** (*f.*) branch
**ramo** (*m.*) bouquet
**raro** rare
**rata** (*f.*) rat
**rato** (*m.*) short time, while
**ratón** (*m.*) mouse
**raya** (*f.*) line, stroke
**rayo** (*m.*) beam, ray of light,
thunderbolt
**razón** (*f.*) reason; **tener razón**
to be right
**real** real, royal
**real** (*m.*) Spanish coin of little
value, but worth more than an
ochavo
**realidad** (*f.*) reality; **en realidad**
in reality
**realizar** (**c**) to carry out, fulfill,
realize
**recibir** to receive
**recién** recently, newly; **recién
llegado** newcomer
**reciente** recent
**recobrar** to recover
**recoger** (**j**) to gather, pick up
**recompensa** (*f.*) reward
**reconocer** (**zc**) to recognize

**recordar (ue)** to remember;
  **recordarse** to recall
**recorrido** (*m.*) trip
**recuerdo** (*m.*) memory, souvenir,
  remembrance; **recuerdos** regards
**rechazar (c)** to drive back, reject,
  repel
**red** (*f.*) net
**redondo** round
**reemplazar (c)** to replace
**reflejar** to reflect
**refresco** (*m.*) refreshment
**refugiarse** to take refuge
**regalar** to give (as a gift)
**regalo** (*m.*) gift
**regar** to water
**regresar** to return
**rehusar** to refuse
**reino** (*m.*) reign, realm, kingdom
**reír(se) (i)** to laugh (at); **reírse
  de** to make fun of
**relámpago** (*m.*) flash of lightning
**relato** (*m.*) account, report
**remedio** (*m.*) remedy, choice
**remoto** remote
**rendimiento** (*m.*) yield
**renunciar** to give up
**repartir** to divide
**repente: de repente** suddenly
**repique** (*m.*) chime
**replicar (qu)** to reply
**representar** to represent
**rescatar** to rescue
**resistir** to resist
**resolver (ue)** to resolve; **resolverse
  a** to resolve to
**respuesta** (*f.*) answer, reply
**resuelto** resolved, determined
**resultar** to result, to turn out to be
**retoño** (*m.*) sprout
**reunir** to gather, join; **reunirse
  (con)** to meet with
**revolver (ue)** to turn;
  **revolverse** to turn and twist
**revuelta** (*f.*) second turn
**rey** (*m.*) king
**rezar (c)** to pray
**rezo** (*m.*) prayer
**rico** rich
**rincón** (*m.*) corner

**río** (*m.*) river
**riqueza** (*f.*) riches, wealth
**risa** (*f.*) laughter
**rítmico** rhythmical
**robar** to rob
**roca** (*f.*) rock
**rociar** to sprinkle
**rodear (de)** to encircle, surround
**rodilla** (*f.*) knee; **de rodillas** on
  one's knees; **ponerse de
  rodillas** to kneel down
**rogar (ue) (gu)** to beg, implore,
  request
**romántico** romantic
**romper(se)** to break
**ronco** hoarse
**rostro** (*m.*) face
**roto** torn
**rótulo** (*m.*) sign
**ruego** (*m.*) prayer, entreaty
**rugido** (*m.*) roar
**rugir** to roar
**ruido** (*m.*) noise
**ruidoso** noisy
**ruiseñor** (*m.*) nightingale
**rumbo** (*m.*) direction; **rumbo a** on
  the way to
**rumor** (*m.*) sound

# S

**sabio** wise
**sabio** (*m.*) sage, wise person
**sacar (qu)** to draw out, get, take
  out; **sacar en limpio** to clear up
  all doubts
**sacerdote** (*m.*) priest
**sacrificar (qu)** to sacrifice
**sacrificio** (*m.*) sacrifice
**sagrado** sacred
**sala** (*f.*) living room; **sala de
  espera** waiting room
**salado** salty
**salida** (*f.*) departure
**salir** to leave, go out; **salir mal** to
  come out badly
**salmodia** (*f.*) psalmody, use of
  psalms in divine worship

**saltar** to jump, leap
**salto** (m.) jump, leap
**saludo** (m.) salute, greeting
**salvaje** savage
**salvar** to save
**salvo** saved
**sanar** to heal
**sangre** (f.) blood
**sangriento** bloody
**sano** safe, healthy; **sano y salvo** safe and sound
**santiamén** (m.) moment
**santiguarse** to make the sign of the cross over one's self
**sapo** (m.) toad
**saquear** to plunder
**sargento** (m.) sergeant
**satisfecho** satisfied
**seco** dry
**seda** (f.) silk
**seguida** (f.) succession; **en seguida** immediately, at once
**seguir (i)** to continue, follow
**según** according to, as
**seguridad** (f.) security, safety
**seguro** safe
**selva** (f.) jungle
**sembrar** to spread, sow
**semilla** (f.) seed
**sencillo** simple
**senda** (f.) path
**sentimiento** (m.) feeling
**sentir(se) (ie) (i)** to be sorry, regret, to feel (good, bad, etc.)
**seña** (f.) sign, gesture
**señal** (f.) signal, sign (indication)
**señalar** to point out, indicate
**Señor** (m.) Lord
**separado** separated
**serenata** (f.) serenade
**seriedad** (f.) seriousness
**serio** serious
**serpiente** (f.) serpent
**servilleta** (f.) napkin
**servir (i)** to serve
**siempre** always; **siempre que** whenever
**siglo** (m.) century
**significado** (m.) meaning
**significar (qu)** to mean, signify

**siguiente** following; **al día siguiente** on the following day
**silbar** to whistle
**silbido** (m.) whistle
**silencio** (m.) silence
**silencioso** silent
**símbolo** (m.) symbol
**simpático** nice, charming
**sin** without; **sin embargo** nevertheless
**sinnúmero** (m.) numberless quantity
**sinsonte** (m.) mockingbird
**sirena** (f.) mermaid
**sitio** (m.) place
**situar** to situate, locate
**soberano** (m.) sovereign
**sobre** (m.) envelope
**sobrenatural** supernatural
**sobrina** (f.) niece
**sobrino** (m.) nephew
**sociedad** (f.) society
**sol** (m.) sun
**soldado** (m.) soldier
**soledad** (f.) solitude, loneliness
**solemne** solemn
**solemnidad** (f.) solemnity
**solitario** solitary
**sollozar (c)** to sob
**solo** alone, single
**sólo** (solamente) only
**soltar (ue)** to loosen, unfasten
**solterón** (m.) old bachelor
**sombra** (f.) shade, shadow
**sonido** (m.) sound
**sonoro** tuneful, sonorous, melodic
**sonreír(se) (i)** to smile
**sonrisa** (f.) smile
**soñar (ue)** to dream; **soñar con** to dream of
**soplador** (m.) blower
**soplar** to blow
**sorprender** to surprise
**sorpresa** (f.) surprise
**sortija** (f.) ring
**sospechar** to suspect
**sostener (ie)** to support
**suave** soft
**subir** to go up, climb
**suceder** to succeed, happen

suceso (*m.*) event
sucio dirty
suegro (*m.*) father-in-law
sueldo (*m.*) salary
suelo (*m.*) floor, ground
suelto loose
sueño (*m.*) sleep, dream
suerte (*f.*) luck, fate
suficiente enough
sufrimiento (*m.*) suffering
sufrir to suffer
sumergir to submerge, go under
sumo highest
superar to surpass, excel
superficie (*f.*) surface
suponer to suppose
supremo supreme
suprimir to suppress, abolish
supuesto supposed; **por supuesto** of course
surgir (**j**) to appear, rise
sustentarse to make a living
sustento (*m.*) living, food

# T

tal such; **tal vez** perhaps
talega (*f.*) bag, sack
talento (*m.*) talent
tambor (*m.*) drum
tan so, as; **tan . . . como** as . . . as
tanto so (as) much; **mientras tanto** meanwhile; **tantos** so (as) many
tardar to delay, be late; **tardar en** to be slow in
té (*m.*) tea
tejido (*m.*) a thing woven
temblar (**ie**) to tremble
tembloroso flickering, tremulous
temer to fear
temeroso fearful
temible frightful
temor (*m.*) dread, fear
tempestad (*f.*) storm
temporada (*f.*) season
teniente (*m.*) lieutenant

terreno (*m.*) land
terso smooth
tesoro (*m.*) treasure
testamento (*m.*) last will
tez (*f.*) complexion, skin
tiburón (*m.*) shark
tierra (*f.*) earth, ground, land
tirano (*m.*) tyrant
tirar to throw, fire, shoot
tocante (**a**) concerning
tocar (**qu**) to ring, sound, touch, play (an instrument)
todavía still, yet
tono (*m.*) tone
tontería (*f.*) foolishness, nonsense
tonto foolish
tonto (*f.*) fool
toque (*m.*) military call, beat (of drums)
tormenta (*f.*) storm, tempest
tormento (*m.*) torment
torno: **en torno suyo** round about (him)
torpe stupid
torre (*f.*) tower
torrente (*m.*) torrent
tostar (**ue**) to roast, toast
trabajar to work
trabajo (*m.*) work
traer to bring, carry
tragedia (*f.*) tragedy
trágico tragic
traición (*f.*) treachery
traje (*m.*) clothes, dress, suit; costume
tranquilo tranquil
tras (**de**) behind, after
traslado (*m.*) transfer
tratar to treat, deal with; **tratar de** to try to
través: **a través de** across, through
travieso mischievous
tremendo tremendous
trémulo shaking, tremulous
tribu (*f.*) tribe
tripular (nautical) to man ships, equip
tristeza (*f.*) sadness
triunfal triumphal
triunfar to triumph

**tronco** *(m.)* trunk
**trono** *(m.)* throne
**trueno** *(m.)* thunder
**tumbarse** to lie down
**turbar** to disturb, upset
**tutor** *(m.)* guardian of the person and estate of a minor

# U

**u** or
**último** last
**único** only
**unirse** to join
**usar** to use, wear

# V

**vacilación** *(f.)* hesitation
**vacío** empty
**vago** vague
**valer** to be worth
**valiente** brave
**valioso** very valuable
**valor** *(m.)* value; courage
**valorar** to value
**valle** *(m.)* valley
**vano** vain
**varios** various, several
**vasija** *(f.)* vessel
**vecindad** *(f.)* vicinity
**vecino** neighboring; *(m. & f.)* neighbor
**vega** *(f.)* open plain
**vela** *(f.)* candle, sail (of a ship); **hacerse (darse) a la vela** to set sail
**vencedor** *(m.)* victor
**vencer** *(z)* to conquer
**veneno** *(m.)* poison
**venerar** to honor, venerate
**venidero** coming
**venta** *(f.)* sale
**ventanilla** *(f.)* small window
**verano** summer
**veras: de veras** truly

**verdad** *(f.)* truth; **de verdad** really
**verdadero** real, true
**verdiamarillo** yellow-green
**vestido** *(m.)* dress, suit, outfit; **vestido de** dressed as
**vestir(se) (i)** to dress (oneself), to wear
**vez** *(f.)* time; **de vez en cuando** from time to time; **otra vez** again
**viajar** to travel
**viaje** *(m.)* trip, journey, voyage; **viaje de ida y vuelta** round-trip journey
**viajero** *(m.)* traveler
**víctima** *(f.)* victim
**vida** *(f.)* life
**vidrio** *(m.)* glass
**vigilar** to watch
**Virgen** *(f.)* Virgin (Mary)
**Virgen del Carmen** *(f.)* Throughout the centuries, Puerto Rican fishermen have worn a medallion of this Virgin, trusting in her protection.
**virreinato** *(m.)* viceroyalty
**virrey** *(m.)* viceroy
**visera** *(f.)* visor
**visitante** *(m. & f.)* visitor
**vista** *(f.)* sight, view
**visto** seen; **por lo visto** apparently
**vistoso** brilliant, showy
**viuda** *(f.)* widow
**viudo** *(m.)* widower
**vivaracho** lively
**vivo** alive, lively, quick
**volar (ue)** to fly
**volcán** *(m.)* volcano
**voluntad** *(f.)* will, desire
**voluntariamente** voluntarily
**volver (ue)** to return, turn; **volver a + infinitive** to . . . again; **volverse** to become, turn around
**voto** *(m.)* vow
**voz** *(f.)* voice
**vuelo** *(m.)* flight
**vuelta** *(f.)* turn, return; **ida y vuelta** round trip
**vuelto** returned, turned

# Y

**ya** already, now, yet
**yerba: yerba mate,** or **mate**
(*f.*) leaves of a tree of that name
in South America from which
mate, a tea, is made

# Z

**zapoteca** referring to the Zapotecs
**zapotecas** (*m. & f. pl.*) Zapotecs,
Indians of Oaxaca, Mexico